근현대 전법 선맥(傳法禪脈)

75조 경허 성우(鏡虛 惺牛) 전법선사

오도송

홀연히 콧구멍 없는 소 되라는 말끝에
삼천계가 내 집임을 단박에 깨달았네
유월의 연암산을 내려가는 길에서
일없는 야인이 태평가를 부르노라

忽聞人語無鼻孔
頓覺三千是我家
六月鷰岩山下路
野人無事太平歌

76조 만공 월면(滿空 月面) 전법선사

전법게

구름과 달, 산과 계곡이라, 곳곳에서 같음이여
선가의 나의 제자 수산의 큰 가풍일세
은근히 무문인을 그대에게 분부하니
이 기틀의 방편이 활안 중에 있노라

雲月溪山處處同
叟山禪子大家風
慇懃分付無文印
一段機權活眼中

* 제75조 경허 성우 전법선사 전함 / 제76조 만공 월면 전법선사 받음

77조 전강 영신(田岡 永信) 전법선사

전법게

불조도 전한 바 없어서
나 또한 얻은 바 없음을…
가을빛 저물어 가는 날에
뒷산의 원숭이가 울고 있네

佛祖未曾傳
我亦無所得
此日秋色暮
猿嘯在後峰

* 제76조 만공 월면 전법선사 전함 / 제77조 전강 영신 전법선사 받음

78대 농선 대원(弄禪 大圓) 전법선사

전법게

부처와 조사도 일찍이 전한 것이 아니거늘
나 또한 어찌 받았다 하며 준다 할 것인가
이 법이 2천년대에 이르러서
널리 천하 사람을 제도하리라

佛祖未曾傳
我亦何受授
此法二千年
廣度天下人

부송(付頌)

어상을 내리지 않고 이러-히 대한다 함이여
뒷날 돌아이가 구멍 없는 피리를 불리니
이로부터 불법이 천하에 가득하리라

不下御床對如是
後日石兒吹無孔
自此佛法滿天下

* 제77조 전강 영신 전법선사 전함 / 제78대 농선 대원 전법선사 받음

이 오도송과 전법게는 농선 대원 선사님께서 법리에 맞도록 새롭게 번역한 것입니다.

불조정맥 제77조 대한불교 조계종 전강 대선사님께서는, 16세에 출가하여 23세 때 첫 깨달음을 얻고 25세에 인가를 받으셨다. 당대의 7대 선지식인 만공, 혜봉, 혜월, 한암, 금봉, 보월, 용성 선사님의 인가를 한 몸에 받으셨으며, 이 중 만공 선사님께 전법게를 받아 그 뒤를 이으셨다. 당대의 선지식들이 모두 극찬할 정도로 그 법이 뛰어나서 '지혜제일 정전강'이라 불렸다.

33세의 최연소의 나이로 통도사 조실을 하셨고, 법주사, 망월사, 동화사, 범어사, 천축사, 용주사, 정각사 등 유명선원 조실을 역임하시고 인천 용화사 법보선원의 조실로 일생을 마치셨다.

1975년 1월 13일, 용화사 법보선원의 천여 명 대중 앞에서 "어떤 것이 생사대사(生死大事)인고?" 자문한 후에 "악! 구구는 번성(飜成) 팔십일이니라."라고 법문한 뒤, 눈을 감고 좌탈입망하셨다.

다비를 하던 날, 화려한 불빛이 일고 정골에서 구슬 같은 사리가 무수히 나왔다. 열반하시기까지 한결같이 공안 법문으로 최상승법을 드날리셨으니 그 투철한 깨달음과 뛰어난 법, 널리 교화하기를 그치지 않으셨던 점에 있어서 한국 근대 선종의 거목이라 일컬어지고 있다.

불조정맥 제78대 농선 대원 전법선사님
- 전강대법회에서 법문 중 할을 하시는 모습

오로지 정법만을 깨닫기 서원합니다.

입을 열면 정법만을 설하기 서원합니다.

중생이 다하는 그날까지 교화하기 서원합니다.

- 농선 대원 전법선사의 3대 서원

불교 8대 선언문

불교는 자신에게서 영생을 발견하게 한 유일한 종교이다.
불교는 자신에게서 모든 지혜를 발견하게 한 유일한 종교이다.
불교는 자신에게서 모든 능력을 발견하게 한 유일한 종교이다.
불교는 자신에게서 모든 것을 이루게 한 유일한 종교이다.
불교는 자신에게서 극락을 발견하게 한 유일한 종교이다.
불교는 깨달으면 차별 없어 평등하다는 유일한 종교이다.
불교는 모든 억압 없이 자신감을 갖게 한 유일한 종교이다.
불교는 그러므로 온 누리에 영원할 만인의 종교이다.

- 농선 대원 전법선사 주창

전세계의 불교계에서 통일시켜야 할 일

경전의 말씀대로 32상과 80종호를 갖춘 불상으로 통일해야 한다.

예불 드리는 법을 통일해야 한다.

불공의식을 통일해야 한다.

- 농선 대원 전법선사 주창

2018년 이문절 포천정맥선원 농선 대원 선사님의 법회

대방광불화엄경
大 方 廣 佛 華 嚴 經

제 41 권

십정품 ②
十 定 品

도서출판 문젠(구, 바로보인)은 정맥선원에서 운영하고 있습니다.

* 인제산(人濟山) 성불사(成佛寺) 국제정맥선원
 경기도 포천시 내촌면 소리개길 86-178 ☎ 031-531-8805 ☎ 010-6431-8805
* 인제산(人濟山) 이룬절 포천정맥선원
 경기도 포천시 내촌면 소리개길 86-123 ☎ 031-531-2433 ☎ 010-3880-8980
* 자모산(慈母山) 육조사(六祖寺) 청도정맥선원
 경북 청도군 매전면 동산리 산 50 ☎ 010-9800-6109
* 백양산(白楊山) 자모사(慈母寺) 부산정맥선원
 부산시 동래구 아시아드대로 114번길 10 대륙코리아나 2층 212호
 ☎ 051-503-6460 ☎ 010-2951-8667
* 광암산(光巖山) 성도사(成道寺) 광주정맥선원
 광주광역시 광산구 삼도광암길 34 ☎ 062-944-4088 ☎ 010-8670-1445
* 대통산(大通山) 대통사(大通寺) 해남정맥선원
 전남 해남군 화산면 송계길 132-98 중정마을 ☎ 061-536-6366 ☎ 010-8938-2438

바로보인 불법 ㊳

화 엄 경 41권

초판 1쇄 펴낸날 단기 4352년, 불기 3046년, 서기 2019년 8월 20일

역　　저 농선 대원 선사
펴 낸 곳 도서출판 문젠(Moonzen Press)
　　　　　11192,경기도 포천시 내촌면 소리개길 86-178
　　　　　전화 031-534-3373 팩스 031-533-3387
신 고 번 호　2010.11.24. 제2010-000004호

윤 문 교 정　증연 강영미
편집 전자책 제작　도향 하가연
표 지 그 림　현정(玄楨)
인　　　쇄　가람문화사

도서출판문젠 www.moonzenpress.com
정 맥 선 원 www.zenparadise.com
사막화방지국제연대(IUPD) www.iupd.org

ⓒ 문재현, 2019. Printed in Seoul, Republic of Korea
값 15,000원
ISBN 978-89-6870-041-5 04220
ISBN 978-89-6870-000-2 (전81권)

華嚴十無頌 화엄십무송

- 농선 대원 선사

無相法性常顯前
상이 없는 법성은 언제나 드러나 있고

無性諸法如谷響
성품이 없는 모든 법은 골짜기에 메아리 같도다

無外作處是自在
밖이 없이 짓는 곳을 이 자재라 하는 것이니

無非華嚴大道場
화엄 대도량 아님이 없음이로다

無窮無盡光神通
궁구할 수 없고 다함 없는 광명의 신통에서

無不出生三千界
삼천대천세계가 나오지 않음이 없도다

無碍相卽大自在
걸림이 없이 서로 즉한 대자재여

無爲之法是日常
함이 없는 법이 일상이로다

無有定法隨狀況
정한 법 없어 상황을 따름이여

無上無爲妙菩提
위 없고 함이 없는 묘보리로다

바로보인 불법 ㉚

화엄경(華嚴經) 41권

농선 대원 선사 역저

二十七 、십정품(十定品) ②

서 문

가없이 크고 넓어 광대함이여!
모양 없는 그 가운데 본래 갖춤
증득한 지혜인이라야 아네

남섬부주 일체의 나툼이여
본래의 갖춤에 비하자면
천만억분의 일도 안 된다네

이러-히 온통 온통함이여!
모두 갖춘 본연한 이 장엄을
'대방광불화엄'이라 하네

단기(檀紀) 4345년
불기(佛紀) 3039년

무등산인 농선 대원
(無等山人 弄禪 大圓)

☞ 81권 화엄경 권과 품

차 례

일러두기

1. 화엄경 본문을 지나치게 세밀하게 나누어 긴 주해를 싣지 않은 것은 그로 해서 원문의 흐름이 끊어지게 되지 않을까 하는 우려에서이다. 이런 까닭에 다만 수없이 장고(長考)하며 최대한 원문에 충실하게 번역하고 각권의 마지막이나 각품의 마지막에만 결문(結文)을 더하였다. 화엄경 본문이 이치적으로 더할 나위 없이 샅샅이 화엄의 화장세계를 밝힌 것이라면 결문은 화엄경의 화장세계를 선(禪) 도리로 간략히 바로 끊어 보인 것이다. 이로써 경의 본뜻이 굴절 없이 전달되어 화엄의 세계가 독자의 세계가 되기를 바란다.

2. 요즈음 화엄경을 접한 이들이 최고의 경전이라 불리는 화엄경 첫머리부터 '신(神)'이라는 호칭으로 기록된 분들이 많은 것을 보고 의아하게 생각하는 경우가 있다. 화엄경의 첫머리인 세주묘엄품을 보면 이 '신(神)'이라는 호칭으로 기록된 분들이 불보살님의 화현이거나 보살마하살의 경지에서 행하는 분들임을 알 수 있다. 이런 까닭에 이 책에서는 '신(神)'을 '천제(天帝)'로 번역하였다. 예를 들면, '집금강신'은 '집금강천제'로 의역하였다. 천제는 그 세계를 다스리고 교화하는 분, 곧 깨달아, 삼매와 지혜와 덕과 신통과 방편과 변재를 갖추어서 다스리고 교화하는 분을 말한다.

3. 미주는 *로 표시하였다.

4. 화엄경 본문에서 장문 뒤의 게송은 앞에 설한 내용의 뜻을 거듭 간략히 설한 것으로, 앞의 내용을 찾아 참고하여 읽으면 그 흐름을 더 잘 이해할 수 있다. 예를 들면, 화엄경 37권 69쪽의 두 번째 연은 43쪽의 열 가지 역순으로 모든 연기를 관하는 까닭을 축약해 놓은 것임을 알 수 있다.

二十七 십정품 ②

佛子 云何爲菩薩摩訶薩 次第徧往諸佛國土神通三昧 佛
子 此菩薩摩訶薩 過於東方無數世界 復過爾所世界微塵
數世界 於彼諸世界中 入此三昧 或刹那入 或須臾入 或
相續入 或日初分時入 或日中分時入 或日後分時入 或夜初
分時入 或夜中分時入 或夜後分時入 或一日入 或五日入
或半月入 或一月入 或一年入 或百年入 或千年入 或百千
年入

3) 모든 불국토에 차례로 두루 가는 신통한 큰 삼매
[次第徧往諸佛國土神通大三昧]

"불자들이여, 어떤 것을 보살마하살의 모든 불국토에 차례로 두루 가는 신통한 삼매라 합니까?

불자들이여, 이 보살마하살이 동쪽으로 셀 수 없는 세계를 지나고, 다시 그러한 세계 가는 티끌 수 만큼의 세계를 지나 저 모든 세계 가운데 이 삼매에 들어가되, 혹은 찰나에 들어가기도 하고, 혹은 수유에 들어가기도 하며, 혹은 계속하여 들어가기도 하고, 혹은 아침나절에 들어가기도 하며, 혹은 점심나절에 들어가기도 하고, 혹은 저녁나절에 들어가기도 하며, 혹은 초저녁에 들어가기도 하고, 혹은 밤중에 들어가기도 하며, 혹은 새벽녘에 들어가기도 하고, 혹은 하루에 들어가기도 하며, 혹은 닷새에 들어가기도 하고, 혹은 반 달에 들어가기도 하며, 혹은 한 달에 들어가기도 하고, 혹은 일 년에 들어가기도 하며, 혹은 백 년에 들어가기도 하고, 혹은 천 년에 들어가기도 하며, 혹은 백천 년에 들어가기도 하고,

或億年入 或百千億年入 或百千那由他億年入 或一劫入
或百劫入 或百千劫入 或百千那由他億劫入 或無數劫入
或無量劫入 或無邊劫入 或無等劫入 或不可數劫入 或不
可稱劫入 或不可思劫入 或不可量劫入 或不可說劫入 或
不可說不可說劫入 若久若近 若法若時 種種不同

혹은 억년에 들어가기도 하며, 혹은 백천 억년에 들어가기도 하고, 혹은 백천 나유타 억년에 들어가기도 하며, 혹은 일 겁에 들어가기도 하고, 혹은 백 겁에 들어가기도 하며, 혹은 백천 겁에 들어가기도 하고, 혹은 백천 나유타 억겁에 들어가기도 하며, 혹은 무수 수의 겁에 들어가기도 하고, 혹은 무량 수의 겁에 들어가기도 하며, 혹은 무변 수의 겁에 들어가기도 하고, 혹은 무등 수의 겁에 들어가기도 하며, 혹은 불가수 수의 겁에 들어가기도 하고, 혹은 불가칭 수의 겁에 들어가기도 하며, 혹은 불가사 수의 겁에 들어가기도 하고, 혹은 불가량 수의 겁에 들어가기도 하며, 혹은 불가설 수의 겁에 들어가기도 하고, 혹은 불가설불가설 수의 겁에 들어가기도 하니, 오래됨과 가까움과 법과 시간이 갖가지로 같지 않습니다.

菩薩 於彼 不生分別 心無染着 不作二 不作不二 不作普
不作別 雖離此分別 而以神通方便 從三昧起 於一切法
不忘不失 至於究竟 譬如日天子 周行照曜 晝夜不住 日出
名晝 日沒名夜 晝亦不生 夜亦不滅 菩薩摩訶薩 於無數
世界 入神通三昧 入三昧已 明見爾所無數世界 亦復如是
佛子 是爲菩薩摩訶薩 第三次第徧往諸佛國土神通大三
昧善巧智

보살이 그런 것에는 분별을 내지 않아 물들거나 집착하는 마음이 없어서 두 가지를 짓지 않고 두 가지가 아니라는 것도 짓지 않으며, 두루함을 짓지도 않고 차별됨을 짓지도 않습니다.

비록 이러한 분별을 여의었으나 신통과 방편으로 삼매에서 일어나 일체 법을 잊지도 않고 잃어버리지도 않아서 구경에 이르릅니다.

비유하면 태양이 두루 돌면서 환하게 비추되 밤낮으로 머무르지 않으니 태양이 뜨면 낮이라 이름하고 태양이 지면 밤이라 이름하지만 낮에도 또한 난 것이 아니고 밤에도 또한 멸한 것이 아니듯이, 보살마하살이 셀 수 없는 세계에서 신통 삼매에 들고 삼매에 들고 나서 그 셀 수 없는 세계를 밝게 보는 것도 또한 다시 이와 같습니다.

불자들이여, 이것을 보살마하살의 셋째 모든 불국토에 차례로 두루 가는 신통한 큰 삼매의 공교한 지혜라 합니다.

佛子 云何爲菩薩摩訶薩 淸淨深心行三昧 佛子 此菩薩
摩訶薩 知諸佛身 數等衆生 見無量佛 過阿僧祇世界微
塵數 於彼一一諸如來所 以一切種種妙香 而作供養 以
一切種種妙華 而作供養 以一切種種蓋 大如阿僧祇佛刹
而作供養 以超過一切世界 一切上妙莊嚴具 而作供養 散
一切種種寶 而作供養 以一切種種莊嚴具 莊嚴經行處
而作供養 以一切無數上妙摩尼寶藏 而作供養 以佛神力
所流出過諸天上味飮食 而作供養 一切佛刹種種上妙諸
供養具 能以神力 普皆攝取 而作供養

4) 청정하고 깊은 마음으로 행하는 큰 삼매
[淸淨深心行大三昧]

불자들이여, 어떤 것을 보살마하살의 청정하고 깊은 마음으로 행하는 삼매라 합니까?

불자들이여, 이 보살마하살은 모든 부처님의 몸이 중생의 수와 같음을 알고, 한량없는 부처님이 아승기 수의 세계 가는 티끌 수를 넘는 것을 봅니다.

저 낱낱의 모든 여래 처소에 일체 갖가지 묘한 향으로 공양 올리고, 일체 갖가지 묘한 꽃으로 공양 올리며, 크기가 마치 아승기 수의 부처님세계와 같은 일체 갖가지 일산으로 공양 올리고, 일체 세계를 뛰어넘는 가장 묘한 일체 장엄구로 공양 올리며, 일체 갖가지 보배를 흩뿌려서 공양 올리고, 일체 갖가지 장엄구로 경행처를 장엄하여 공양 올리며, 일체 셀 수 없이 가장 묘한 마니보배장으로 공양 올리고, 부처님의 위신력에서 흘러나온 모든 천상을 뛰어넘는 가장 좋은 음식으로 공양 올리며, 일체 부처님세계의 갖가지 가장 묘한 모든 공양구를 위신력으로 널리 거두어 들여 공양 올립니다.

於彼一一諸如來所 恭敬尊重 頭頂禮敬 舉身布地 請問佛
法 讚佛平等 稱揚諸佛廣大功德 入於諸佛所入大悲 得
佛平等無礙之力 於一念頃 一切佛所 勤求妙法 然於諸
佛 出興於世 入般涅槃 如是之相 皆無所得 如散動心 了
別所緣 心起 不知何所緣起 心滅 不知何所緣滅 此菩薩
摩訶薩 亦復如是 終不分別如來出世 及涅槃相

저 낱낱의 모든 여래의 처소에서 공경하고 존중하여 머리로 정례하고, 온몸으로 보시하면서 불법을 물으며, 부처님의 평등함을 찬탄하고, 모든 부처님의 광대한 공덕을 칭송하여 드날리며, 모든 부처님께서 들어가신 대비에 들어가고, 부처님의 평등하고 걸림 없는 힘을 얻으며, 온통인 생각으로 일체 부처님 처소에서 묘한 법을 부지런히 구하지만, 모든 부처님께서 세상에 출현하시고 반열반에 드시는 이와 같은 상은 모두 얻은 바가 없습니다.

마치 흩어지고 움직이는 마음으로 반연한 바를 분별함에 마음의 일어남이 무엇을 반연하여 일어나는지를 알지 못하고 마음의 멸함이 무엇을 반연하여 멸하는지를 알지 못하듯이, 이 보살마하살도 또한 다시 이와 같아서 마침내 여래께서 세상에 출현하시고 열반에 드시는 상을 분별하지 않습니다.

佛子 如日中陽焰 不從雲生 不從池生 不處於陸 不住於
水 非有非無 非善非惡 非淸非濁 不堪飮漱 不可穢汚 非
有體 非無體 非有味 非無味 以因緣故 而現水相 爲識所
了 遠望似水 而興水想 近之則無 水想自滅 此菩薩摩訶
薩 亦復如是 不得如來出興於世 及涅槃相 諸佛有相 及
以無相 皆是想心之所分別 佛子 此三昧 名爲淸淨深心
行

불자들이여, 마치 햇볕 가운데 아지랑이가 구름에서 생긴 것도 아니고 연못에서 생긴 것도 아니며, 땅에 있는 것도 아니고 물에 머무르는 것도 아니며, 있는 것도 아니고 없는 것도 아니며, 착한 것도 아니고 악한 것도 아니며, 맑은 것도 아니고 흐린 것도 아니며, 마시거나 씻을 수도 없고 더럽힐 수도 없으며, 몸이 있는 것도 아니고 몸이 없는 것도 아니며, 맛이 있는 것도 아니고 맛이 없는 것도 아니어서 인연에 의해 물과 같은 모양이 나타난 것을 식(識)으로 아는 것이니, 멀리서 바라보면 물처럼 보이고 물이라는 생각이 일어나되 가까이 가면 곧 없어져 물이라는 생각이 저절로 없어지는 것과 같습니다.

이 보살마하살도 또한 다시 이와 같아서 여래께서 세상에 출현하시고 열반에 드시는 상은 얻을 수 없으니, 모든 부처님의 상이 있다거나 상이 없다 하는 것은 모두 이 생각하는 마음으로 분별하는 것일 뿐입니다.

불자들이여, 이 삼매를 청정하고 깊은 마음으로 행하는 것이라고 이름합니다.

菩薩摩訶薩 於此三昧 入已而起 起已不失 譬如有人 從
睡得寤 憶所夢事 覺時 雖無夢中境界 而能憶念 心不忘
失 菩薩摩訶薩 亦復如是 入於三昧 見佛聞法 從定而起
憶持不忘 而以此法 開曉一切道場眾會 莊嚴一切諸佛國
土 無量義趣 悉得明達 一切法門 皆亦清淨 然大智炬 長
諸佛種 無畏具足 辯才不竭 開示演說甚深法藏 是爲菩薩
摩訶薩 第四清淨深心行大三昧善巧智

보살마하살이 이 삼매에 들어서는 일어나고, 일어나서는 잃어버리지 않습니다.

비유하면 어떤 사람이 잠을 자다가 깨어나 꿈꾼 일을 생각하되 깨었을 때에는 비록 꿈속의 경계가 없으나 기억하여 마음에 잊어버리지 않는 것과 같습니다.

보살마하살도 또한 다시 이와 같아서 삼매에 들어 부처님을 친견하여 법을 듣고는 삼매에서 일어나서도 기억하여 잊지 않아서 이 법으로 일체 도량에 모인 대중을 깨닫게 하고, 일체 모든 불국토를 장엄하여 한량없는 이치를 모두 밝게 통달하며, 일체 법문이 또한 모두 청정해지고, 큰 지혜의 횃불을 태워서 모든 부처님의 종자를 기르며, 두려움 없음을 구족하고 다함이 없는 변재로 매우 깊은 법의 보배장을 널리 펴 설하여 열어 보입니다.

이것을 보살마하살의 넷째 청정하고 깊은 마음으로 행하는 큰 삼매의 공교한 지혜라 합니다.

佛子 云何爲菩薩摩訶薩 知過去莊嚴藏三昧 佛子 此菩薩
摩訶薩 能知過去諸佛出現 所謂劫次第中諸刹次第 刹次
第中諸劫次第 劫次第中諸佛出現次第 佛出現次第中說法
次第 說法次第中諸心樂次第 心樂次第中諸根次第 根次
第中調伏次第 調伏次第中諸佛壽命次第 壽命次第中知億
那由他年歲數量次第 佛子 此菩薩摩訶薩 得如是無邊次
第智故 則知過去諸佛 則知過去諸刹 則知過去諸法門

5) 과거의 장엄 보배장을 아는 큰 삼매
[知過去莊嚴藏大三昧]

불자들이여, 어떤 것을 보살마하살의 과거의 장엄 보배장을 아는 삼매라 합니까?

불자들이여, 이 보살마하살이 과거의 모든 부처님의 출현하심을 아니, 겁의 차례 가운데 모든 세계의 차례와 세계의 차례 가운데 모든 겁의 차례와 겁의 차례 가운데 모든 부처님께서 출현하시는 차례와 부처님께서 출현하시는 차례 가운데 법을 설하는 차례와 법을 설하는 차례 가운데 모든 마음에 즐거워하는 차례와 마음에 즐거워하는 차례 가운데 모든 근기의 차례와 근기의 차례 가운데 조복 하는 차례와 조복 하는 차례 가운데 모든 부처님 수명의 차례와 수명의 차례 가운데 억 나유타 해의 수량과 차례를 압니다.

불자들이여, 이 보살마하살이 이와 같이 끝없는 차례를 아는 지혜를 얻은 까닭에 곧 과거의 모든 부처님을 알고, 곧 과거의 모든 세계를 알며, 곧 과거의 모든 법문을 알고,

則知過去諸劫 則知過去諸法 則知過去諸心 則知過去諸
解 則知過去諸衆生 則知過去諸煩惱 則知過去諸儀式 則
知過去諸清淨 佛子 此三昧 名過去清淨藏 於一念中 能
入百劫 能入千劫 能入百千劫 能入百千億那由他劫 能入
無數劫 能入無量劫 能入無邊劫 能入無等劫 能入不可數
劫 能入不可稱劫 能入不可思劫 能入不可量劫 能入不可
說劫 能入不可說不可說劫

곧 과거의 모든 겁을 알며, 곧 과거의 모든 법을 알고, 곧 과거의 모든 마음을 알며, 곧 과거의 모든 앎을 알고, 곧 과거의 모든 중생을 알며, 곧 과거의 모든 번뇌를 알고, 곧 과거의 모든 의식(儀式)을 알며, 곧 과거의 모든 청정함을 압니다.

불자들이여, 이 삼매를 과거의 청정한 보배장이라 이름하니, 온통인 생각 가운데 백 겁에 들어가고, 천 겁에 들어가며, 백천 겁에 들어가고, 백천억 나유타 수의 겁에 들어가며, 무수 수의 겁에 들어가고, 무량 수의 겁에 들어가며, 무변 수의 겁에 들어가고, 무등 수의 겁에 들어가며, 불가수 수의 겁에 들어가고, 불가칭 수의 겁에 들어가며, 불가사 수의 겁에 들어가고, 불가량 수의 겁에 들어가며, 불가설 수의 겁에 들어가고, 불가설불가설 수의 겁에 들어갑니다.

佛子 彼菩薩摩訶薩 入此三昧 不滅現在 不緣過去 佛子
彼菩薩摩訶薩 從此三昧起 於如來所 受十種不可思議灌
頂法 亦得 亦淸淨 亦成就 亦入 亦證 亦滿 亦持 平等了
知 三輪淸淨 何等 爲十 一者 辯不違義 二者 說法無盡
三者 訓辭無失 四者 樂說不斷 五者 心無恐畏 六者 語
必誠實 七者 衆生所依 八者 救脫三界 九者 善根最勝
十者 調御妙法 佛子 此是十種灌頂法

불자들이여, 저 보살마하살이 이 삼매에 들어가되 현재를 멸하지도 않고 과거를 반연하지도 않습니다.

불자들이여, 저 보살마하살이 이 삼매에서 일어나 여래의 처소에서 열 가지 불가사의한 관정법을 받고, 얻으며, 청정히 하고, 성취하며, 들어가고, 증득하며, 원만히 하고, 지니며, 평등히 밝게 알아서 삼륜이 청정하게 됩니다.

어떤 것을 열 가지라 합니까? 첫째는 변재가 뜻에 어긋나지 않는 것이고, 둘째는 설법에 다함이 없는 것이며, 셋째는 가르치는 말에 잘못됨이 없는 것이고, 넷째는 설하기를 즐거워함이 끊어지지 않는 것이며, 다섯째는 마음에 두려움이 없는 것이고, 여섯째는 말이 반드시 진실한 것이며, 일곱째는 중생들의 의지할 바가 되는 것이고, 여덟째는 삼계를 구제하여 해탈하게 하는 것이며, 아홉째는 선근이 가장 뛰어난 것이고, 열째는 묘한 법으로 조복시켜 다스리는 것입니다.

불자들이여, 이것을 열 가지 관정법이라 합니다.

若菩薩 入此三昧 從三昧起 無間則得 如歌羅邏 入胎藏
時 於一念間 識則託生 菩薩摩訶薩 亦復如是 從此定起
於如來所 一念則得此十種法 佛子 是名菩薩摩訶薩 第五
知過去莊嚴藏大三昧善巧智

만약 보살이 이 삼매에 들고 삼매에서 일어나면 간격없이 곧바로 얻게 됩니다.

　　마치 가라라(歌羅邏)*가 태장*에 들어갈 때에 한 생각 사이에 식(識)이 곧바로 의탁해서 생기는 것과 같이, 보살마하살도 또한 다시 이와 같아서 이 삼매에서 일어나 여래의 처소에서 온통인 생각으로 곧바로 이 열 가지 법을 얻게 됩니다.

　　불자들이여, 이것을 보살마하살의 다섯째 과거의 장엄 보배장을 아는 큰 삼매의 공교한 지혜라 이름합니다.

佛子 云何爲菩薩摩訶薩 智光明藏三昧 佛子 彼菩薩摩訶
薩 住此三昧 能知未來一切世界 一切劫中所有諸佛 若已
說 若未說 若已授記 若未授記 種種名號 各各不同 所謂
無數名 無量名 無邊名 無等名 不可數名 不可稱名 不可
思名 不可量名 不可說名 當出現於世 當利益衆生 當作法
王 當興佛事 當說福利 當讚善義 當說白分義 當淨治諸
惡 當安住功德 當開示第一義諦 當入灌頂位 當成一切智

6) 지혜 광명의 보배장 큰 삼매[智光明藏大三昧]

불자들이여, 어떤 것을 보살마하살의 지혜 광명의 보배장 삼매라 합니까?

불자들이여, 저 보살마하살이 이 삼매에 머물면 미래의 일체 세계 일체 겁 가운데 이미 설하였거나 아직 설하지 않았거나 이미 수기를 받았거나 아직 수기를 받지 않은 모든 부처님의 갖가지 명호가 각각 같지 않은 무수 수의 이름과 무량 수의 이름과 무변 수의 이름과 무등 수의 이름과 불가수 수의 이름과 불가칭 수의 이름과 불가사 수의 이름과 불가량 수의 이름과 불가설 수의 이름으로 장차 세상에 출현하고 장차 중생을 이롭게 하며 장차 법왕이 되고 장차 불사를 일으키며 장차 복과 이익을 설하고 장차 착한 뜻을 찬탄하며 장차 청정한 뜻을 설하고 장차 모든 악을 깨끗하게 다스리며 장차 공덕에 편안히 머무르고 장차 제일가는 뜻의 진리를 열어 보이며 장차 관정의 지위에 들어가고, 장차 일체 지혜를 이루는 것을 압니다.

彼諸如來　修圓滿行　發圓滿願　入圓滿智　有圓滿衆　備圓
滿莊嚴　集圓滿功德　悟圓滿法　得圓滿果　具圓滿相　成圓
滿覺　彼諸如來　名姓種族　方便善巧　神通變化　成熟衆生
入般涅槃　如是一切　皆悉了知　此菩薩　於一念中　能入一劫
百劫千劫百千劫百千億那由他劫　入閻浮提微塵數劫　入四
天下微塵數劫　入小千世界微塵數劫　入中千世界微塵數劫
入大千世界微塵數劫　入百佛刹微塵數劫　入百千佛刹微塵
數劫

저 모든 여래께서 원만한 행을 닦는 것과 원만한 서원을 발하는 것과 원만한 지혜에 들어가는 것과 원만한 대중이 있는 것과 원만한 장엄을 갖추는 것과 원만한 공덕을 모으는 것과 원만한 법을 깨닫는 것과 원만한 과를 얻는 것과 원만한 상을 갖추는 것과 원만한 깨달음을 이루는 것과 저 모든 여래의 이름과 성씨와 종족과 공교로운 방편과 신통변화와 중생을 성숙시키는 것과 반열반에 들어가는 것과 이와 같은 일체를 모두 분명하게 압니다.

이 보살이 온통인 생각 가운데 일 겁과 백 겁과 천 겁과 백천 겁과 백천억 나유타 수의 겁에 들어가고, 염부제 가는 티끌 수의 겁에 들어가며, 사천하 가는 티끌 수의 겁에 들어가고, 소천세계 가는 티끌 수의 겁에 들어가며, 중천세계 가는 티끌 수의 겁에 들어가고, 대천세계 가는 티끌 수의 겁에 들어가며, 백 부처님세계 가는 티끌 수의 겁에 들어가고, 백천 부처님세계 가는 티끌 수의 겁에 들어가며,

入百千億那由他佛刹微塵數劫 入無數佛刹微塵數劫 入無
量佛刹微塵數劫 入無邊佛刹微塵數劫 入無等佛刹微塵
數劫 入不可數佛刹微塵數劫 入不可稱佛刹微塵數劫 入
不可思佛刹微塵數劫 入不可說不可說佛刹微塵數劫 如是
未來一切世界所有劫數 能以智慧 皆悉了知

백천억 나유타 수의 부처님세계 가는 티끌 수의 겁에 들어가고, 무수 수의 부처님세계 가는 티끌 수의 겁에 들어가며, 무량 수의 부처님세계 가는 티끌 수의 겁에 들어가고, 무변 수의 부처님세계 가는 티끌 수의 겁에 들어가며, 무등 수의 부처님세계 가는 티끌 수의 겁에 들어가고, 불가수 수의 부처님세계 가는 티끌 수의 겁에 들어가며, 불가칭 수의 부처님세계 가는 티끌 수의 겁에 들어가고, 불가사 수의 부처님세계 가는 티끌 수의 겁에 들어가며, 불가량 수의 부처님세계 가는 티끌 수의 겁에 들어가고, 불가설 수의 부처님세계 가는 티끌 수의 겁에 들어가며, 불가설 불가설 수의 부처님세계 가는 티끌 수의 겁에 들어갑니 다.

이와 같이 미래의 일체 세계에 있는 겁의 수를 지혜로 써 모두 밝게 압니다.

以了知故 其心 復入十種持門 何者 爲十 所謂入佛持故
得不可說佛刹微塵數諸佛護念 入法持故 得十種陀羅尼
光明無盡辯才 入行持故 出生圓滿殊勝諸願 入力持故 無
能映蔽 無能摧伏 入智持故 所行佛法 無有障礙 入大悲
持故 轉於不退清淨法輪 入差別善巧句持故 轉一切文字
輪 淨一切法門地 入獅子受生法持故 開法關鑰 出欲淤泥
入智力持故 修菩薩行 常不休息

밝게 아는 까닭으로 그 마음이 다시 열 가지 지니는 문에 들어가니, 어떤 것을 열 가지라 합니까?

부처를 지니는 데 들어간 까닭으로 불가설 수의 부처님 세계 가는 티끌 수 만큼의 모든 부처님의 호념하심을 얻고, 법을 지니는 데 들어간 까닭으로 열 가지 다라니광명의 다함없는 변재를 얻으며, 행을 지니는 데 들어간 까닭으로 원만하고 수승한 모든 서원을 내고, 힘을 지니는 데 들어간 까닭으로 덮어 가릴 수 없고 꺾어 굴복시킬 수 없으며, 지혜를 지니는 데 들어간 까닭으로 불법을 행하는 데 장애가 없고, 대비를 지니는 데 들어간 까닭으로 물러나지 않는 청정한 법륜을 굴리며, 차별되고 공교한 글귀를 지니는 데 들어간 까닭으로 일체 문자의 바퀴를 굴려 일체 법문의 바탕을 깨끗하게 하고, 부처〔獅子〕로 수생하는 법을 지니는 데 들어간 까닭으로 법의 빗장을 열어 오욕의 진흙탕에서 벗어나며, 지혜의 힘을 지니는 데 들어간 까닭으로 보살의 행을 닦음을 항상 쉬지 않고,

入善友力持故 令無邊衆生 普得清淨 入無住力持故 入不可說不可說廣大劫 入法力持故 以無礙方便智 知一切法自性清淨 佛子 菩薩摩訶薩 住此三昧已 善巧住不可說不可說劫 善巧住不可說不可說剎 善巧知不可說不可說種種衆生 善巧知不可說不可說衆生異相 善巧知不可說不可說同異業報 善巧知不可說不可說精進諸根 習氣相續差別諸行 善巧知不可說不可說無量染淨種種思惟 善巧知不可說不可說法種種義 無量文字演說言辭

착한 벗의 힘을 지니는 데 들어간 까닭으로 끝없는 중생으로 하여금 널리 청정함을 얻게 하며, 머무름이 없는 힘을 지니는 데 들어간 까닭으로 불가설불가설 수의 광대한 겁에 들어가고, 법의 힘을 지니는 데 들어간 까닭으로 걸림없는 방편의 지혜로써 일체 법의 자성이 청정함을 압니다.

불자들이여, 보살마하살이 이 삼매에 머물러서는 불가설불가설 수의 겁에 공교히 머무르고, 불가설불가설 수의 세계에 공교히 머무르며, 불가설불가설 수의 갖가지 중생을 공교히 알고, 불가설불가설 수의 중생의 다른 상〔異相〕을 공교히 알며, 불가설불가설 수의 같고 다른 업보를 공교히 알고, 불가설불가설 수의 정진하는 모든 근기의 습기가 계속되어서 차별된 모든 행을 공교히 알며, 불가설불가설 수의 한량없이 더럽고 깨끗한 갖가지 사유를 공교히 알고, 불가설불가설 수의 법과 갖가지 뜻과 한량없는 문자와 널리 펴 설하는 언사를 공교히 알며,

善巧知不可說不可說種種佛出現 種族時節 現相說法 施
爲佛事 入般涅槃 善巧知不可說不可說無邊智慧門 善巧
知不可說不可說一切神通無量變現 佛子 譬如日出 世間所
有村營城邑 宮殿屋宅 山澤鳥獸 樹林華果 如是一切種種
諸物 有目之人 悉得明見 佛子 日光 平等 無有分別 而能
令目 見種種相 此大三昧 亦復如是 體性平等 無有分別
能令菩薩 知不可說不可說百千億那由他差別之相

불가설불가설 수의 갖가지 부처님께서 출현하심과 종족
과 시절과 형상을 나타내어 법을 설하심과 불사를 지으
심과 반열반에 드심을 공교히 알고, 불가설불가설 수의
끝없는 지혜의 문을 공교히 알며, 불가설불가설 수의 일
체 신통과 한량없는 변화를 공교히 압니다.

  불자들이여, 비유하면 태양이 뜨면 세간에 있는 마을
과 성읍과 궁전과 집과 산과 연못과 새와 짐승과 나무와
숲과 꽃과 과일과 이와 같은 일체 갖가지 모든 물건을 눈
있는 사람이 다 밝게 보는 것과 같습니다.

  불자들이여, 햇빛은 평등하고 분별이 없지만 눈으로 하
여금 갖가지 상을 보게 하니, 이 큰 삼매도 또한 다시 이
와 같아서 성품의 몸은 평등하고 분별이 없지만 보살들로
하여금 불가설불가설 백천억 나유타 수의 차별된 상을 알
게 합니다.

佛子 此菩薩摩訶薩 如是了知時 令諸衆生 得十種不空
何等 爲十 一者 見不空 令諸衆生 生善根故 二者 聞不
空 令諸衆生 得成熟故 三者 同住不空 令諸衆生 心調伏
故 四者 發起不空 令諸衆生 如言而作 通達一切諸法義
故 五者 行不空 令無邊世界 皆清淨故 六者 親近不空
於不可說不可說佛刹諸如來所 斷不可說不可說衆生疑故
七者 願不空 隨所念衆生 令作勝供養 成就諸願故

불자들이여, 이 보살마하살이 이와 같이 밝게 알 때에 모든 중생으로 하여금 열 가지 헛되지 않음을 얻게 하니, 어떤 것을 열 가지라 합니까?

첫째는 보는 것이 헛되지 않음이니 모든 중생으로 하여금 선근을 내게 하는 까닭이고, 둘째는 듣는 것이 헛되지 않음이니 모든 중생으로 하여금 성숙되게 하는 까닭이며, 셋째는 함께 머무름이 헛되지 않음이니 모든 중생으로 하여금 마음을 조복하게 하는 까닭이고, 넷째는 발하여 일으킴이 헛되지 않음이니 모든 중생으로 하여금 말과 같이 행하여 일체 모든 법의 뜻을 통달하게 하는 까닭이며, 다섯째는 행이 헛되지 않음이니 끝없는 세계로 하여금 모두 청정하게 하는 까닭이고, 여섯째는 친근히 함이 헛되지 않음이니 불가설불가설 수의 부처님세계 모든 여래 처소에서 불가설불가설 수의 중생의 의심을 끊게 하는 까닭이며, 일곱째는 서원이 헛되지 않음이니 중생의 생각하는 바를 따라서 훌륭한 공양을 지어 모든 서원을 성취하게 하는 까닭이고,

八者 善巧法不空 皆令得住無礙解脫淸淨智故 九者 雨
法雨不空 於不可說不可說諸根衆生中 方便開示一切智行
令住佛道故 十者 出現不空 現無邊相 令一切衆生 皆蒙
照故 佛子 菩薩摩訶薩 住此三昧 得十種不空時 諸天王
衆 皆來頂禮 諸龍王衆 興大香雲 諸夜叉王 頂禮其足 阿
修羅王 恭敬供養 迦樓羅王 前後圍遶 諸梵天王 悉來勸
請 緊那羅王 摩睺羅伽王 咸共稱讚 乾闥婆王 常來親近
諸人王衆 承事供養

여덟째는 공교한 법이 헛되지 않음이니 모두로 하여금 걸림 없는 해탈과 청정한 지혜에 머무르게 하는 까닭이며, 아홉째는 법비를 내림이 헛되지 않음이니 불가설불가설 수의 모든 근기의 중생 가운데 방편으로 일체 지혜의 행을 열어 보여서 부처님의 도에 머무르게 하는 까닭이고, 열째는 나타냄이 헛되지 않음이니 끝없는 상을 나타내어 일체 중생으로 하여금 모두 비춤을 입게 하는 까닭입니다.

불자들이여, 보살마하살이 이 삼매에 머물러 열 가지의 헛되지 않음을 얻을 때에 모든 천왕의 대중은 모두 와서 정례하고, 모든 용왕의 대중은 큰 향구름을 일으키며, 모든 야차왕은 그 발에 정례하고, 아수라왕은 공경하여 공양 올리며, 가루라왕은 앞뒤로 에워싸고, 모든 범천왕은 모두 와서 법을 설하기를 청하며, 긴나라왕과 마후라가왕은 모두 함께 칭찬하고, 건달바왕은 항상 와서 친근히 하며, 모든 인간왕의 대중은 받들어 모시고 공양 올립니다.

佛子 是爲菩薩摩訶薩 第六智光明藏大三昧善巧智

불자들이여, 이것을 보살마하살의 여섯째 지혜 광명의 보배장 큰 삼매의 공교한 지혜라 합니다.

佛子 云何爲菩薩摩訶薩 了知一切世界佛莊嚴三昧 佛子
此三昧 何故 名了知一切世界佛莊嚴 佛子 菩薩摩訶薩
住此三昧 能次第入東方世界 能次第入南方世界 西方北
方 四維上下 所有世界 悉亦如是能次第入 皆見諸佛 出興
於世 亦見彼佛 一切神力 亦見諸佛 所有遊戲 亦見諸佛
廣大威德 亦見諸佛 最勝自在 亦見諸佛 大獅子吼 亦見諸
佛 所修諸行 亦見諸佛 種種莊嚴 亦見諸佛 神足變化 亦
見諸佛 衆會雲集

7) 일체 세계 부처님의 장엄을 밝게 아는 큰 삼매
[了知一切世界佛莊嚴大三昧]

불자들이여, 어떤 것을 보살마하살의 일체 세계 부처님의 장엄을 밝게 아는 삼매라 합니까?

불자들이여, 이 삼매를 무슨 까닭으로 일체 세계 부처님의 장엄을 밝게 아는 것이라 이름합니까?

불자들이여, 보살마하살이 이 삼매에 머물러 차례로 동방 세계에 들어가고, 차례로 남방 세계에 들어가며, 서방과 북방과 네 간방과 상방과 하방의 모든 세계에 다 또한 이와 같이 차례로 들어갑니다.

모든 부처님께서 세상에 출현하시는 것을 다 보고, 또한 그 부처님의 일체 위신력을 보며, 또한 모든 부처님의 모든 유희를 보고, 또한 모든 부처님의 광대한 위덕을 보며, 또한 모든 부처님의 가장 수승한 자재함을 보고, 또한 모든 부처님의 큰 사자후를 보며, 또한 모든 부처님의 닦은 바 모든 행을 보고, 또한 모든 부처님의 갖가지 장엄을 보며, 또한 모든 부처님의 신통변화를 보고, 또한 모든 부처님의 대중 모임이 구름같이 모이는 것을 봅니다.

衆會淸淨 衆會廣大 衆會一相 衆會多相 衆會處所 衆會
居止 衆會成熟 衆會調伏 衆會威德 如是一切 悉皆明見
亦見衆會 其量大小 等閻浮提 亦見衆會 等四天下 亦見
衆會 等小千界 亦見衆會 等中千界 亦見衆會 量等三千大
千世界 亦見衆會 充滿百千億那由他佛刹 亦見衆會 充滿
阿僧祇佛刹 亦見衆會 充滿百佛刹微塵數佛刹 亦見衆會
充滿千佛刹微塵數佛刹

모인 대중의 청정함과 모인 대중의 광대함과 모인 대중의 하나의 상과 모인 대중의 여러 상과 모인 대중의 처소와 모인 대중의 거주함과 모인 대중의 성숙함과 모인 대중의 조복됨과 모인 대중의 위덕과 이와 같은 일체를 모두 다 밝게 봅니다.

또한 모인 대중의 그 크기의 크고 작음이 염부제와 같음을 보고, 또한 모인 대중이 사천하와 같음을 보며, 또한 모인 대중이 소천세계와 같음을 보고, 또한 모인 대중이 중천세계와 같음을 보며, 또한 모인 대중의 양이 삼천대천세계와 같음을 보고, 또한 모인 대중이 백천억 나유타 수의 부처님세계에 가득함을 보며, 또한 모인 대중이 아승기 수의 부처님세계에 가득함을 보고, 또한 모인 대중이 백 부처님세계 가는 티끌 수 만큼의 부처님세계에 가득함을 보며, 또한 모인 대중이 천 부처님세계 가는 티끌 수 만큼의 부처님세계에 가득함을 보고,

亦見衆會 充滿百千億那由他佛刹微塵數佛刹 亦見衆會
充滿無數佛刹微塵數佛刹 亦見衆會 充滿無量佛刹微塵
數佛刹 亦見衆會 充滿無邊佛刹微塵數佛刹 亦見衆會 充
滿無等佛刹微塵數佛刹 亦見衆會 充滿不可數佛刹微塵
數佛刹 亦見衆會 充滿不可稱佛刹微塵數佛刹 亦見衆會
充滿不可思佛刹微塵數佛刹 亦見衆會 充滿不可量佛刹微
塵數佛刹

또한 모인 대중이 백천억 나유타 수의 부처님세계 가는 티끌 수 만큼의 부처님세계에 가득함을 보며, 또한 모인 대중이 무수 수의 부처님세계 가는 티끌 수 만큼의 부처님세계에 가득함을 보고, 또한 모인 대중이 무량 수의 부처님세계 가는 티끌 수 만큼의 부처님세계에 가득함을 보며, 또한 모인 대중이 무변 수의 부처님세계 가는 티끌 수 만큼의 부처님세계에 가득함을 보고, 또한 모인 대중이 무등 수의 부처님세계 가는 티끌 수 만큼의 부처님세계에 가득함을 보며, 또한 모인 대중이 불가수 수의 부처님세계 가는 티끌 수 만큼의 부처님세계에 가득함을 보고, 또한 모인 대중이 불가칭 수의 부처님세계 가는 티끌 수 만큼의 부처님세계에 가득함을 보며, 또한 모인 대중이 불가사 수의 부처님세계 가는 티끌 수 만큼의 부처님세계에 가득함을 보고, 또한 모인 대중이 불가량 수의 부처님세계 가는 티끌 수 만큼의 부처님세계에 가득함을 보며,

亦見衆會 充滿不可說佛刹微塵數佛刹 亦見衆會 充滿不
可說不可說佛刹微塵數佛刹 亦見諸佛 於彼衆會道場中
示現種種相 種種時 種種國土 種種變化 種種神通 種種
莊嚴 種種自在 種種形量 種種事業 菩薩摩訶薩 亦見自
身 往彼衆會 亦自見身 在彼說法 亦自見身 受持佛語 亦自
見身 善知緣起 亦自見身 住在虛空

또한 모인 대중이 불가설 수의 부처님세계 가는 티끌 수 만큼의 부처님세계에 가득함을 보고, 또한 모인 대중이 불가설불가설 수의 부처님세계 가는 티끌 수 만큼의 부처 님세계에 가득함을 봅니다.

또한 모든 부처님께서 대중이 모인 저 도량 가운데에서 갖가지 모양과 갖가지 시간과 갖가지 국토와 갖가지 변화 와 갖가지 신통과 갖가지 장엄과 갖가지 자재와 갖가지 형태와 크기와 갖가지 사업을 나타내 보이시는 것을 봅니 다.

보살마하살이 또한 자신이 저 대중의 모임에 가는 것을 보니, 또한 몸이 저곳에 있으면서 법을 설하는 것을 스스 로 보고, 또한 몸이 부처님 말씀을 받아 지니는 것을 스 스로 보며, 또한 몸이 연기(緣起)를 잘 아는 것을 스스로 보고, 또한 몸이 허공에 머물러 있는 것을 스스로 보며,

亦自見身 住於法身 亦自見身 不生染着 亦自見身 不住分
別 亦自見身 無有疲倦 亦自見身 普入諸智 亦自見身 普知
諸義 亦自見身 普入諸地 亦自見身 普入諸趣 亦自見身 普
知方便 亦自見身 普住佛前 亦自見身 普入諸力 亦自見身
普入眞如 亦自見身 普入無諍 亦自見身 普入諸法

또한 몸이 법신에 머무르는 것을 스스로 보고, 또한 몸이 물들거나 집착함을 내지 않는 것을 스스로 보며, 또한 몸이 분별함에 머무르지 않는 것을 스스로 보고, 또한 몸이 피로해 하거나 싫증냄이 없는 것을 스스로 보며, 또한 몸이 모든 지혜에 널리 들어가는 것을 스스로 보고, 또한 몸이 모든 이치를 두루 아는 것을 스스로 보며, 또한 몸이 모든 지위에 널리 들어가는 것을 스스로 보고, 또한 몸이 모든 취(趣)에 널리 들어가는 것을 스스로 보며, 또한 몸이 방편을 두루 아는 것을 스스로 보고, 또한 몸이 부처님 앞에 널리 머무르는 것을 스스로 보며, 또한 몸이 모든 힘에 널리 들어가는 것을 스스로 보고, 또한 몸이 진여에 널리 들어가는 것을 스스로 보며, 또한 몸이 다툼이 없음에 널리 들어가는 것을 스스로 보고, 또한 몸이 모든 법에 널리 들어가는 것을 스스로 봅니다.

如是見時 不分別國土 不分別衆生 不分別佛 不分別法
不執着身 不執着身業 不執着心 不執着意 譬如諸法 不
分別自性 不分別音聲 而自性不捨 名字不滅 菩薩摩訶薩
亦復如是 不捨於行 隨世所作 而於此二 無所執着 佛子
菩薩摩訶薩 見佛無量光色 無量形相 圓滿成就 平等淸
淨 一一現前 分明證了

이와 같이 볼 때에 국토를 분별하지 않고, 중생을 분별하지 않으며, 부처님을 분별하지 않고, 법을 분별하지 않으며, 몸에 집착하지 않고, 몸의 업에 집착하지 않으며, 마음에 집착하지 않고, 뜻에 집착하지 않습니다.

비유하면 모든 법이 자체 성품을 분별하지 않고 음성을 분별하지 않지만 자체 성품을 버리지 않고 이름과 글자를 멸하지 않는 것과 같이, 보살마하살도 또한 다시 이와 같아서 행을 버리지 않고 세간을 따라 짓지만 이 두 가지에 집착하는 바가 없습니다.

불자들이여, 보살마하살이 부처님의 한량없는 광명의 색과 한량없는 형상을 보아서 원만히 성취하여 평등하고 청정하니, 목전에 나타난 낱낱의 것을 분명하게 깨달아 압니다.

或見佛身 種種光明 或見佛身 圓光一尋 或見佛身 如盛日
色 或見佛身 微妙光色 或見佛身 作淸淨色 或見佛身 作
黃金色 或見佛身 作金剛色 或見佛身 作紺靑色 或見佛
身 作無邊色 或見佛身 作大靑摩尼寶色 或見佛身 其量
七肘 或見佛身 其量八肘 或見佛身 其量九肘 或見佛身
其量十肘 或見佛身 二十肘量 或見佛身 三十肘量 如是
乃至一百肘量 一千肘量 或見佛身 一俱盧舍量 或見佛身
半由旬量 或見佛身 一由旬量 或見佛身 十由旬量

혹은 부처님 몸의 갖가지 광명을 보고, 혹은 부처님 몸의 두렷한 광명이 한 길〔一尋〕임을 보며, 혹은 부처님 몸이 강렬한 햇빛과 같음을 보고, 혹은 부처님 몸의 미묘한 광명의 색을 보며, 혹은 부처님 몸이 청정한 색을 나타냄을 보고, 혹은 부처님 몸이 황금색을 나타냄을 보며, 혹은 부처님 몸이 금강색을 나타냄을 보고, 혹은 부처님 몸이 감청색을 나타냄을 보며, 혹은 부처님 몸이 끝없는 색을 나타냄을 보고, 혹은 부처님 몸이 크고 푸른 마니보배 색을 나타냄을 보며, 혹은 부처님 몸의 키가 칠 주(肘)*임을 보고, 혹은 부처님 몸의 키가 팔 주임을 보며, 혹은 부처님 몸의 키가 구 주임을 보고, 혹은 부처님 몸의 키가 십 주임을 보며, 혹은 부처님 몸의 키가 이십 주임을 보고, 혹은 부처님 몸의 키가 삼십 주임을 보며, 이와 같이 더 나아가서 일백 주임과 일천 주임을 봅니다.

혹은 부처님 몸이 일 구로사*의 길이임을 보며, 혹은 부처님 몸이 반 유순의 길이임을 보고, 혹은 부처님 몸이 일 유순의 길이임을 보며, 혹은 부처님 몸이 십 유순의 길이임을 보고,

或見佛身 百由旬量 或見佛身 千由旬量 或見佛身 百千由
旬量 或見佛身 閻浮提量 或見佛身 四天下量 或見佛身
小千界量 或見佛身 中千界量 或見佛身 大千界量 或見佛
身 百大千世界量 或見佛身 千大千世界量 或見佛身 百千
大千世界量 或見佛身 百千億那由他大千世界量 或見佛
身 無數大千世界量 或見佛身 無量大千世界量 或見佛身
無邊大千世界量 或見佛身 無等大千世界量 或見佛身 不
可數大千世界量

혹은 부처님 몸이 백 유순의 길이임을 보며, 혹은 부처님 몸이 천 유순의 길이임을 보고, 혹은 부처님 몸이 백천 유순의 길이임을 보며, 혹은 부처님 몸이 염부제의 길이임을 보고, 혹은 부처님 몸이 사천하의 길이임을 보며, 혹은 부처님 몸이 소천세계의 길이임을 보고, 혹은 부처님 몸이 중천세계의 길이임을 보며, 혹은 부처님 몸이 대천세계의 길이임을 보고, 혹은 부처님 몸이 백 대천세계의 길이임을 보며, 혹은 부처님 몸이 천 대천세계의 길이임을 보고, 혹은 부처님 몸이 백천 대천세계의 길이임을 보며, 혹은 부처님 몸이 백천억 나유타 수의 대천세계의 길이임을 보고, 혹은 부처님 몸이 무수 수의 대천세계의 길이임을 보며, 혹은 부처님 몸이 무량 수의 대천세계의 길이임을 보고, 혹은 부처님 몸이 무변 수의 대천세계의 길이임을 보며, 혹은 부처님 몸이 무등 수의 대천세계의 길이임을 보고, 혹은 부처님 몸이 불가수 수의 대천세계의 길이임을 보며,

或見佛身 不可稱大千世界量 或見佛身 不可思大千世界
量 或見佛身 不可量大千世界量 或見佛身 不可說大千世
界量 或見佛身 不可說不可說大千世界量 佛子 菩薩 如是
見諸如來 無量色相 無量形狀 無量示現 無量光明 無量
光明網 其光分量 等於法界 於法界中 無所不照 普令發
起無上智慧 又見佛身 無有染着 無有障礙 上妙清淨 佛
子 菩薩 如是見於佛身 而如來身 不增不減

혹은 부처님 몸이 불가칭 수의 대천세계의 길이임을 보고, 혹은 부처님 몸이 불가사 수의 대천세계의 길이임을 보며, 혹은 부처님 몸이 불가량 수의 대천세계의 길이임을 보고, 혹은 부처님 몸이 불가설 수의 대천세계의 길이임을 보며, 혹은 부처님 몸이 불가설불가설 수의 대천세계의 길이임을 봅니다.

불자들이여, 보살이 이와 같이 모든 여래의 한량없는 색상과 한량없는 형상과 한량없이 나타내 보임과 한량없는 광명과 한량없는 광명그물과 그 광명의 분량이 법계와 같아서 법계 가운데 비추지 않는 곳이 없고, 널리 위 없는 지혜를 발하여 일으키게 함을 보며, 또 부처님 몸은 물들거나 집착함이 없고 장애가 없어 가장 묘한 청정함을 봅니다.

불자들이여, 보살이 이와 같이 부처님의 몸을 보지만 여래의 몸은 늘지도 않고 줄지도 않습니다.

譬如虛空 於蟲所食芥子孔中 亦不減小 於無數世界中 亦
不增廣 其諸佛身 亦復如是 見大之時 亦無所增 見小之
時 亦無所減 佛子 譬如月輪 閻浮提人 見其形小 而亦不
減 月中住者 見其形大 而亦不增 菩薩摩訶薩 亦復如是
住此三昧 隨其心樂 見諸佛身 種種化相 言辭演法 受持
不忘 而如來身 不增不減 佛子 譬如衆生 命終之後將受
生時 不離於心 所見清淨 菩薩摩訶薩 亦復如是 不離於
此甚深三昧 所見清淨

비유하면 허공이 벌레 먹은 겨자씨 구멍 가운데에서도 또한 줄어들지 않고 셀 수 없는 세계 가운데에서도 또한 더 넓어지지도 않듯이, 그 모든 부처님의 몸도 또한 다시 이와 같아서 크게 볼 때에도 또한 늘어나는 바가 없고 작게 볼 때에도 또한 줄어드는 바가 없습니다.

불자들이여, 비유하면 달은 염부제의 사람들이 그 작은 형상으로 본다고 해서 또한 줄어들지 않고 달 가운데 사는 이가 그 큰 형상으로 본다고 해서 또한 늘어나지 않듯이, 보살마하살도 또한 다시 이와 같아서 이 삼매에 머물러서 그 마음의 즐거워함을 따라 모든 부처님의 몸이 갖가지로 변화하는 상을 보고 법을 널리 펴는 언사를 받아 지녀 잊지 않지만 여래의 몸은 늘지도 않고 줄지도 않습니다.

불자들이여, 비유하면 중생이 목숨을 마친 후 장차 태어나려할 때에 마음을 여의지 않으면 소견이 청정한 것과 같이, 보살마하살도 또한 다시 이와 같아서 이 매우 깊은 삼매를 여의지 않으면 보는 바가 청정합니다.

佛子 菩薩摩訶薩 住此三昧 成就十種速疾法 何者 爲十
所謂速增諸行 圓滿大願 速以法光 照耀世間 速以方便
轉於法輪 度脫衆生 速隨衆生業 示現諸佛清淨國土 速
以平等智 趣入十力 速與一切如來 同住 速以大慈力 摧
破魔軍 速斷衆生疑 令生歡喜 速隨勝解 示現神變 速以
種種妙法言辭 淨諸世間

불자들이여, 보살마하살이 이 삼매에 머물러서 열 가지 빠른 법을 성취하니, 어떤 것을 열 가지라 합니까?

빠르게 모든 행을 더하여 대원이 원만한 것과 빠르게 법의 광명으로 세간을 밝게 비추는 것과 빠르게 방편으로 법륜을 굴려 중생들을 제도하여 해탈시키는 것과 빠르게 중생의 업을 따라 모든 부처님의 청정한 국토를 나타내 보이는 것과 빠르게 평등한 지혜로 십력에 나아가는 것과 빠르게 일체 여래와 더불어 함께 머무르는 것과 빠르게 대자의 힘으로써 마군을 꺾어 무너뜨리는 것과 빠르게 중생의 의심을 끊어 환희를 내게 하는 것과 빠르게 뛰어난 지혜를 따라 신통변화를 나타내 보이는 것과 빠르게 갖가지 묘한 법의 언사로써 모든 세간을 깨끗하게 하는 것입니다.

佛子 此菩薩摩訶薩 復得十種法印 印一切法 何等 爲十
一者 同去來今一切諸佛平等善根 二者 同諸如來得無邊
際智慧法身 三者 同諸如來住不二法 四者 同諸如來觀察
三世無量境界 皆悉平等 五者 同諸如來得了達法界無礙
境界 六者 同諸如來成就十力 所行無礙 七者 同諸如來
永絕二行 住無諍法 八者 同諸如來敎化衆生 恒不止息

불자들이여, 이 보살마하살이 다시 열 가지 법인(法印)을 얻어 일체 법을 인치니, 어떤 것을 열 가지라 합니까?

첫째는 과거와 미래와 현재의 일체 모든 부처님의 평등한 선근과 같이 하는 것이고, 둘째는 모든 여래가 끝없는 지혜의 법신을 얻는 것과 같이 하는 것이며, 셋째는 모든 여래가 둘 아닌 법에 머무르는 것과 같이 하는 것이고, 넷째는 모든 여래가 삼세의 한량없는 경계가 모두 평등함을 관찰하는 것과 같이 하는 것이며, 다섯째는 모든 여래가 법계의 걸림 없는 경계를 요달하는 것과 같이 하는 것이고, 여섯째는 모든 여래가 십력을 성취하여 행하는 바에 걸림이 없는 것과 같이 하는 것이며, 일곱째는 모든 여래가 두 가지 행을 영원히 끊어 다툼이 없는 법에 머무르는 것과 같이 하는 것이고, 여덟째는 모든 여래가 중생을 교화하기를 항상 쉬지 않는 것과 같이 하는 것이며,

九者 同諸如來於智善巧義善巧中 能善觀察 十者 同諸如
來與一切佛 平等無二 佛子 若菩薩摩訶薩 成就此了知一
切世界佛莊嚴大三昧善巧方便門 是無師者 不由他教 自入
一切佛法故 是丈夫者 能開悟一切衆生故 是淸淨者 知心
性本淨故 是第一者 能度脫一切世間故 是安慰者 能開曉
一切衆生故 是安住者 未住佛種性者 令得住故

아홉째는 모든 여래가 공교한 지혜와 공교한 뜻 가운데 잘 관찰하는 것과 같이 하는 것이고, 열째는 모든 여래가 일체 부처님과 더불어 평등하여 두 가지가 없는 것과 같이 하는 것입니다.

불자들이여, 만약 보살마하살이 이 일체 세계 부처님의 장엄을 밝게 아는 큰 삼매의 공교한 방편문을 성취하면, 이는 스승이 없는 이니 그 밖의 가르침을 말미암지 않고 스스로 일체 불법에 들어가는 까닭이고, 이는 장부이니 일체 중생을 깨닫게 하는 까닭이며, 이는 청정한 이니 마음의 성품이 본래 청정함을 아는 까닭이고, 이는 제일가는 이니 일체 세간을 제도하여 해탈시키는 까닭이며, 이는 편안히 위로하는 이니 일체 중생을 깨닫게 하는 까닭이고, 이는 편안히 머무르는 이니 부처님 종자 성품에 아직 들어가지 못한 이로 하여금 머무르게 하는 까닭이며,

是眞實知者 入一切智門故 是無異想者 所言無二故 是
住法藏者 誓願了知一切佛法故 是能雨法雨者 隨衆生心
樂 悉令充足故 佛子 譬如帝釋 於頂髻中 置摩尼寶 以寶
力故 威光轉盛 其釋天王 初獲此寶 則得十法 出過一切
三十三天 何等 爲十 一者 色相 二者 形體 三者 示現 四
者 眷屬 五者 資具 六者 音聲 七者 神通 八者 自在 九
者 慧解 十者 智用 如是十種 悉過一切三十三天

이는 참답고 실답게 아는 이니 일체 지혜의 문에 들어간 까닭이고, 이는 다른 생각이 없는 이니 말하는 바가 둘이 없는 까닭이며, 이는 법의 보배장에 머무르는 이니 일체 불법을 밝게 알기를 서원하는 까닭이고, 이는 법비를 내리는 이니 중생의 마음에 즐거워함을 따라 모두 충족하게 하는 까닭입니다.

불자들이여, 비유하면 제석천왕이 정상육계 가운데 마니보배를 두니 보배의 힘으로 위엄과 광명이 더욱 왕성해져 그 제석천왕이 처음 이 보배를 얻으면 곧 열 가지 법을 얻어서 일체 삼십삼천을 뛰어넘는 것과 같습니다.

어떤 것을 열 가지라 합니까? 첫째는 색상이고, 둘째는 형체이며, 셋째는 나타내 보임이고, 넷째는 권속이며, 다섯째는 살림 도구이고, 여섯째는 음성이며, 일곱째는 신통이고, 여덟째는 자재함이며, 아홉째는 혜(慧)로 해득(解得)함이고, 열째는 지(智)를 씀이니, 이와 같은 열 가지가 모두 일체 삼십삼천을 지납니다.

菩薩摩訶薩 亦復如是 初始獲得此三昧時 則得十種廣大智藏 何等 爲十 一者 照耀一切佛刹智 二者 知一切衆生受生智 三者 普作三世變化智 四者 普入一切佛身智 五者 通達一切佛法智 六者 普攝一切淨法智 七者 普令一切衆生 入法身智 八者 現見一切法普眼清淨智 九者 一切自在 到於彼岸智 十者 安住一切廣大法 普盡無餘智

보살마하살도 또한 다시 이와 같아서 처음에 이 삼매를 얻을 때에 곧 열 가지 광대한 지혜의 보배장을 얻습니다.

어떤 것을 열 가지라 합니까? 첫째는 일체 부처님세계를 밝게 비추는 지혜이고, 둘째는 일체 중생의 태어남을 아는 지혜이며, 셋째는 널리 삼세의 변화를 짓는 지혜이고, 넷째는 일체 부처님의 몸에 널리 들어가는 지혜이며, 다섯째는 일체 불법을 통달하는 지혜이고, 여섯째는 일체 깨끗한 법을 널리 포섭하는 지혜이며, 일곱째는 일체 중생으로 하여금 법신에 널리 들어가게 하는 지혜이고, 여덟째는 일체 법이 눈 앞에 있음을 보는 넓은 눈의 청정한 지혜이며, 아홉째는 일체를 자재하여 피안에 이르르는 지혜이고, 열째는 일체 광대한 법에 편안히 머물러 널리 다하여서 남음이 없는 지혜입니다.

佛子 菩薩摩訶薩 住此三昧 復得十種最淸淨威德身 何
等 爲十 一者 爲照耀不可說不可說世界故 放不可說不可
說光明輪 二者 爲令世界 咸淸淨故 放不可說不可說無量
色相光明輪 三者 爲調伏衆生故 放不可說不可說光明輪
四者 爲親近一切諸佛故 化作不可說不可說身 五者 爲承
事供養一切諸佛故 雨不可說不可說種種殊妙香華雲

불자들이여, 보살마하살이 이 삼매에 머물러 다시 열 가지 가장 청정한 위덕의 몸을 얻으니, 어떤 것을 열 가지라 합니까?

첫째는 불가설불가설 수의 세계를 밝게 비추기 위한 까닭으로 불가설불가설 수의 광명바퀴를 놓는 것이고, 둘째는 세계를 모두 청정하게 하기 위한 까닭으로 불가설불가설 수의 한량없는 색상의 광명바퀴를 놓는 것이며, 셋째는 중생을 조복시키기 위한 까닭으로 불가설불가설 수의 광명바퀴를 놓는 것이고, 넷째는 일체 모든 부처님을 친근하게 하기 위한 까닭으로 불가설불가설 수의 몸을 화현하여 만드는 것이며, 다섯째는 일체 모든 부처님을 받들어 섬기고 공양 올리기 위한 까닭으로 불가설불가설 수의 갖가지 수승하고 묘한 향과 꽃구름을 비 내리듯 하는 것이고,

六者 爲承事供養一切佛 及調伏一切衆生故 於一一毛孔
中 化作不可說不可說種種音樂 七者 爲成熟衆生故 現不
可說不可說種種無量自在神變 八者 爲於十方種種名號一
切佛所 請問法故 一步超過不可說不可說世界 九者 爲令
一切衆生見聞之者 皆不空故 現不可說不可說種種無量淸
淨色相身 無能見頂 十者 爲與衆生 開示無量祕密法故
發不可說不可說音聲語言

여섯째는 일체 부처님을 받들어 섬기고 공양 올리며 일체 중생을 조복시키기 위한 까닭으로 낱낱 털구멍 가운데에서 불가설불가설 수의 갖가지 음악을 화현하여 만드는 것이며, 일곱째는 중생을 성숙시키기 위한 까닭으로 불가설불가설 수의 갖가지 한량없이 자재한 신통변화를 나타내는 것이고, 여덟째는 시방의 갖가지 명호의 일체 부처님 처소에서 법을 묻기 위한 까닭으로 불가설불가설 수의 세계를 한 걸음에 뛰어넘는 것이며, 아홉째는 일체 중생으로 하여금 보고 듣는 것이 모두 헛되지 않게 하기 위한 까닭으로 정수리를 볼 수 없는 불가설불가설 수의 갖가지 한량없는 청정한 색상의 몸을 나타내는 것이고, 열째는 중생에게 한량없는 비밀한 법을 열어 보이기 위한 까닭으로 불가설불가설 수의 음성과 말을 내는 것입니다.

佛子 菩薩摩訶薩 得此十種最淸淨威德身已 能令衆生 得
十種圓滿 何等 爲十 一者 能令衆生 得見於佛 二者 能
令衆生 深信於佛 三者 能令衆生 聽聞於法 四者 能令衆
生 知有佛世界 五者 能令衆生 見佛神變 六者 能令衆生
念所集業 七者 能令衆生 定心圓滿 八者 能令衆生 入佛
淸淨 九者 能令衆生 發菩提心 十者 能令衆生 圓滿佛
智

불자들이여, 보살마하살이 이 열 가지 가장 청정한 위덕의 몸을 얻어서 중생들로 하여금 열 가지 원만함을 얻게 하니, 어떤 것을 열 가지라 합니까?

　첫째는 중생들로 하여금 부처님을 보게 하는 것이고, 둘째는 중생들로 하여금 부처님을 깊이 믿게 하는 것이며, 셋째는 중생들로 하여금 법을 듣게 하는 것이고, 넷째는 중생들로 하여금 부처님 세계가 있음을 알게 하는 것이며, 다섯째는 중생들로 하여금 부처님의 신통변화를 보게 하는 것이고, 여섯째는 중생들로 하여금 모여 쌓인 업을 생각하게 하는 것이며, 일곱째는 중생들로 하여금 선정의 마음을 원만하게 하는 것이고, 여덟째는 중생들로 하여금 부처님의 청정함에 들어가게 하는 것이며, 아홉째는 중생들로 하여금 보리심을 발하게 하는 것이고, 열째는 중생들로 하여금 부처님의 지혜를 원만하게 하는 것입니다.

佛子 菩薩摩訶薩 令衆生 得十種圓滿已 復爲衆生 作十
種佛事 何等 爲十 所謂以音聲 作佛事 爲成熟衆生故 以
色形 作佛事 爲調伏衆生故 以憶念 作佛事 爲淸淨衆生
故 以震動世界 作佛事 爲令衆生 離惡趣故 以方便覺悟
作佛事 爲令衆生 不失念故 以夢中現相 作佛事 爲令衆
生 恒正念故 以放大光明 作佛事 爲普攝取諸衆生故 以
修菩薩行 作佛事 爲令衆生 住勝願故

불자들이여, 보살마하살이 중생들로 하여금 열 가지 원만함을 얻게 하고서 다시 중생들을 위하여 열 가지 불사를 지으니, 어떤 것을 열 가지라 합니까?

음성으로 불사를 지으니 중생들을 성숙시키기 위한 까닭이고, 색과 형상으로 불사를 지으니 중생들을 조복시키기 위한 까닭이며, 마음 깊이 지녀 잊지 않는 것으로 불사를 지으니 중생들을 청정하게 하기 위한 까닭이고, 세계를 진동함으로 불사를 지으니 중생들로 하여금 악취(惡趣)를 여의게 하기 위한 까닭이며, 깨닫게 하는 방편으로 불사를 지으니 중생들로 하여금 망각하지 않게 하기 위한 까닭이고, 꿈 가운데 상을 나타내는 것으로 불사를 지으니 중생들로 하여금 항상 바르게 생각하게 하기 위한 까닭이며, 큰 광명을 놓는 것으로 불사를 지으니 모든 중생을 널리 거두어 주기 위한 까닭이고, 보살의 행을 닦는 것으로 불사를 지으니 중생들로 하여금 수승한 원력에 머무르게 하기 위한 까닭이며,

以成正等覺 作佛事 爲令衆生 知幻法故 以轉妙法輪 作
佛事 爲衆說法 不失時故 以現住壽命 作佛事 爲調伏一
切衆生故 以示般涅槃 作佛事 知諸衆生 起疲厭故 佛子
是爲菩薩摩訶薩 第七了知一切世界佛莊嚴大三昧善巧智

정등각을 이룸으로 불사를 지으니 중생들로 하여금 환의 법을 알게 하기 위한 까닭이고, 묘한 법륜을 굴림으로 불사를 지으니 대중을 위해 설함에 때를 놓치지 않게 하기 위한 까닭이며, 수명에 머무는 것을 나타냄으로 불사를 지으니 일체 중생을 조복시키기 위한 까닭이고, 반열반을 보임으로 불사를 지으니 모든 중생이 피로해 하거나 싫어하는 것을 아는 까닭입니다.

불자들이여, 이것을 보살마하살의 일곱째 일체 세계 부처님의 장엄을 밝게 아는 큰 삼매의 공교한 지혜라 합니다."

농선 대원 선사 결문

농선 대원 선사 결문(決文)

문 : 일체 세계 부처님의 장엄을 밝게 아는 큰 삼매의
　　　공교한 지혜를 요약해서 보여 주십시오.

답 : 이렇다.

문 : 모르겠습니다.

답 : 보태지도 빼지도 말라.

문 : 어찌해야 보태지도 빼지도 않는 경지가 되겠습니
　　　까?

답 : 악!
　　　여기서 이렇게 행하는 것이니라.

∽ 미주

* 가라라(歌羅邏) : 산스크리트어 kalala의 음사이다. 어머니 태에 들어서부터 출생할 때까지의 266일간을 다섯 단계로 나눈 태내오위(胎內五位) 중의 하나. 부모의 정혈이 화합하여 응결되어 모태에 수태된 지 첫 7일 동안의 상태로, 식(識)이 의지하는 최초의 의지처이다. 갈라람(羯羅藍), 갈랄람(羯剌藍), 갈라라(羯邏羅)라고도 하며, 응활(凝滑), 화합(和合), 포태(胞胎), 막(膜), 박락(薄酪), 잡예(雜穢)라고 한역한다.

* 구로사(俱盧舍) : 산스크리트어 krośa의 음사이다. 인도의 척도(尺度). 부르는 소리라는 뜻으로, 큰 소가 우는 소리 또는 북소리를 들을 수 있는 거리를 말한다. 대략 6백보 또는 4리의 길이이다. 구로사(拘盧舍), 구루사(拘屢奢, 拘樓賒)라고도 하며, 성(聲), 우명(牛鳴), 명환(鳴喚)이라고 한역한다.

* 주(肘) : 산스크리트어 Hasta의 한역이다. 인도의 척도. 팔꿈치라는 뜻으로, 대략 1척 4촌 또는 1척 8촌의 길이.

* 태장(胎藏) : 모태(母胎), 자궁. 또는 태아(胎兒)를 말하기도 한다.

불조정맥

불조정맥 (佛祖正脈)

🪷 인 도

교조 석가모니불 (教祖 釋迦牟尼佛)

1조 마하가섭 (摩訶迦葉)

2조 아난다 (阿難陀)

3조 상나화수 (商那和脩)

4조 우바국다 (優波鞠多)

5조 제다가 (堤多迦)

6조 미차가 (彌遮迦)

7조 바수밀 (婆須密)

8조 불타난제 (佛陀難堤)

9조 복타밀다 (伏馱密多)

10조 파율습박(협) (波栗濕縛, 脇)

11조 부나야사 (富那夜奢)

12조 아나보리(마명) (阿那菩堤, 馬鳴)

13조 가비마라 (迦毗摩羅)

14조 나가르주나(용수) (那閼羅樹那, 龍樹)

15조 가나제바 (迦那堤波)

16조 라후라타 (羅睺羅陀)

17조 승가난제 (僧伽難提)

18조 가야사다 (迦耶舍多)

19조 구마라다 (鳩摩羅多)

20조 사야다 (闍夜多)

21조 바수반두 (婆修盤頭)

22조 마노라 (摩拏羅)

23조 학륵나 (鶴勒那)

24조 사자보리 (師子菩堤)

25조 바사사다 (婆舍斯多)

26조 불여밀다 (不如密多)

27조 반야다라 (般若多羅)

28조 보리달마 (菩堤達磨)

🪷 중 국

29조 신광 혜가 (2 조 神光 慧可)

30조 감지 승찬 (3 조 鑑智 僧璨)

31조 대의 도신 (4 조 大醫 道信)

32조 대만 홍인 (5 조 大滿 弘忍)

33조 대감 혜능 (6 조 大鑑 慧能)

34조 남악 회양 (7 조 南嶽 懷讓)

35조 마조 도일 (8 조 馬祖 道一)

36조 백장 회해 (9 조 百丈 懷海)

37조 황벽 희운 (10조 黃檗 希雲)

38조 임제 의현 (11조 臨濟 義玄)

39조 흥화 존장 (12조 興化 存獎)

40조 남원 혜옹 (13조 南院 慧顒)

41조 풍혈 연소 (14조 風穴 延沼)

42조 수산 성념 (15조 首山 省念)

43조 분양 선소 (16조 汾陽 善昭)

44조 자명 초원 (17조 慈明 楚圓)

45조 양기 방회 (18조 楊岐 方會)

46조 백운 수단 (19조 白雲 守端)

47조 오조 법연 (20조 五祖 法演)

48조 원오 극근 (21조 圓悟 克勤)

49조 호구 소륭 (22조 虎丘 紹隆)

50조 응암 담화 (23조 應庵 曇華)

51조 밀암 함걸 (24조 密庵 咸傑)

52조 파암 조선 (25조 破庵 祖先)

53조 무준 사범 (26조 無準 師範)

54조 설암 혜랑 (27조 雪岩 慧郎)

55조 급암 종신 (28조 及庵 宗信)

56조 석옥 청공 (29조 石屋 淸珙)

🏵 한 국

57조 태고 보우 (1 조 太古 普愚)

58조 환암 혼수 (2 조 幻庵 混脩)

59조 구곡 각운 (3 조 龜谷 覺雲)

60조 벽계 정심 (4 조 碧溪 淨心)

61조 벽송 지엄 (5 조 碧松 智儼)

62조 부용 영관 (6 조 芙蓉 靈觀)

63조 청허 휴정 (7 조 淸虛 休靜)

64조 편양 언기 (8 조 鞭羊 彦機)

65조 풍담 의심 (9 조 楓潭 義諶)

66조 월담 설제 (10조 月潭 雪霽)

67조 환성 지안 (11조 喚醒 志安)

68조 호암 체정 (12조 虎巖 體淨)

69조 청봉 거안 (13조 靑峰 巨岸)

70조 율봉 청고 (14조 栗峰 靑杲)

71조 금허 법첨 (15조 錦虛 法沾)

72조 용암 혜언 (16조 龍巖 慧言)

73조 영월 봉율 (17조 詠月 奉律)

74조 만화 보선 (18조 萬化 普善)

75조 경허 성우 (19조 鏡虛 惺牛)

76조 만공 월면 (20조 滿空 月面)

77조 전강 영신 (21조 田岡 永信)

78대 농선 대원 (22대 弄禪 大圓)

부록 2

농선 대원 선사님
인가 내력

농선 대원 선사님 인가 내력

제 1 오도송

이 몸을 끄는 놈 이 무슨 물건인가?
골똘히 생각한 지 서너 해 되던 때에
쉬이하고 불어온 솔바람 한 소리에
홀연히 대장부의 큰 일을 마치었네

무엇이 하늘이고 무엇이 땅이런가
이 몸이 청정하여 이러-히 가없어라
안팎 중간 없는 데서 이러-히 응하니
취하고 버림이란 애당초 없다네

하루 온종일 시간이 다하도록
헤아리고 분별한 그 모든 생각들이

옛 부처 나기 전의 오묘한 소식임을
듣고서 의심 않고 믿을 이 누구인가!

此身運轉是何物
疑端汨沒三夏來
松頭吹風其一聲
忽然大事一時了

何謂靑天何謂地
當體淸淨無邊外
無內外中應如是
小分取捨全然無

一日於十有二時
悉皆思量之分別
古佛未生前消息
聞者卽信不疑誰

농선 대원 선사님의 스승이신 불조정맥 제77조 조계종(曹溪宗) 전
강(田岡) 대선사님께서 1962년 대구 동화사의 조실로 계실 당시 농
선 대원 선사님께서도 동화사에 함께 머무르고 계셨다.

하루는, 전강 대선사님께서 대원 선사님의 3연으로 되어 있는 제
1오도송을 들어 깨달은 바는 분명하나 대개 오도송은 짧게 짓는다

고 말씀하셨다. 이에 대원 선사님께서는 제1오도송을 읊은 뒤, 도솔암을 떠나 김제들을 지나다가 석양의 해와 달을 보고 문득 읊었던 제2오도송을 일러드렸다.

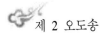 제 2 오도송

해는 서산 달은 동산 덩실하게 얹혀 있고
김제의 평야에는 가을빛이 가득하네
대천이란 이름자도 서지를 못하는데
석양의 마을길엔 사람들 오고 가네

日月兩嶺載同模
金提平野滿秋色
不立大千之名字
夕陽道路人去來

제2오도송을 들으신 전강 대선사님께서는 이에 그치지 않고 그와 같은 경지를 담은 게송을 이 자리에서 즉시 한 수 지어볼 수 있겠냐고 하셨다. 대원 선사님께서는 곧바로 다음과 같이 읊으셨다.

바위 위에는 솔바람이 있고

산 아래에는 황조가 날도다
대천도 흔적조차 없는데
달밤에 원숭이가 어지러이 우는구나

岩上在松風
山下飛黃鳥
大千無痕迹
月夜亂猿啼

전강 대선사님께서는 위 송의 앞의 두 구를 들으실 때만 해도 지그시 눈을 감고 계시다가 뒤의 두 구를 마저 채우자 문득 눈을 뜨고 기뻐하는 빛이 역력하셨다.

그러나 전강 대선사님께서는 여기에서도 그치지 않고 다시 한 번 물으셨다.

"대중들이 자네를 산으로 불러내고 그중에 법성(향곡 스님 법제자인 진제 스님. 동화사 선방에 있을 당시에 '법성'이라 불렸고, 나중에 '법원'으로 개명하였다.)이 달마불식(達磨不識) 도리를 일러보라 했을 때 '드러났다'라고 답했다는데, 만약에 자네가 당시의 양무제였다면 '모르오'라고 이르고 있는 달마 대사에게 어떻게 했겠는가?"

대원 선사님께서 답하셨다.

"제가 양무제였다면 '성인이라 함도 서지 못하나 이러-히 짐의 덕화와 함께 어우러짐이 더욱 좋지 않겠습니까?' 하며 달마 대사의 손을 잡아 일으켰을 것입니다."

전강 대선사님께서 탄복하며 말씀하셨다.

"어느새 그 경지에 이르렀는가?"

"이르렀다곤들 어찌 하며, 갖추었다곤들 어찌 하며, 본래라곤들 어찌 하리까? 오직 이러-할 뿐인데 말입니다."

대원 선사님께서 연이어 말씀하시자 전강 대선사님께서 이에 환희하시니 두 분이 어우러진 자리가 백아가 종자기를 만난 듯, 고수 명창 어울리듯 화기애애하셨다.

달마불식 공안에 대한 위의 문답은 내력이 있는 것이다. 전강 대선사님께서 대원 선사님을 부르기 며칠 전에, 저녁 입선 시간 중에 노장님 몇 분만이 자리에 앉아있을 뿐 자리가 텅텅 비어 있었다고 한다.

대원 선사님께서 이상히 여기고 있던 중, 밖에서 한 젊은 수좌가 대원 선사님을 불렀다. 그 수좌의 말이 스님들이 모두 윗산에 모여 기다리고 있으니 가자고 하기에 무슨 일인가 하고 따라가셨다.

그러자 그 자리에 있던 법성 스님이 보자마자 달마불식 법문을 들고 이르라고 하기에 지체없이 답하셨다.

"드러났다."

곁에 계시던 송암 스님께서 또 안수정등 법문을 들고 물으셨다.

"여기서 어떻게 살아나겠소?"

대뜸 큰소리로 이르셨다.

"안 · 수 · 정 · 등."

이에 좌우에 모인 스님들이 함구무언(緘口無言)인지라 대원 선사님께서는 먼저 그 자리를 떠나 내려와 버리셨다.

그 다음날 입승인 명허 스님께서 아침 공양이 끝난 자리에서 지난 밤 입선시간 중에 무단으로 자리를 비운 까닭을 묻는 대중 공사를 붙여 산 중에서 있었던 일들이 낱낱이 드러나고 말았다. 그리하여 입선시간 중에 자리를 비운 스님들은 가사 장삼을 수하고 조실인 전강 대선사님께 참회의 절을 했던 일이 있었다.

전강 대선사님께서는 이때에 대원 선사님께서 달마불식 도리에 대해 일렀던 경지를 점검하셨던 것이다.

이런 철저한 검증의 자리가 있었던 다음 날, 전강 대선사님께서 부르시기에 대원 선사님께서 가보니 주지인 월산(月山) 스님께서 모든 것이 약조된 데에서 입회해 계셨으며 전강 대선사님께서는 곧바로 다음과 같이 전법게(傳法偈)를 전해주셨다.

 전 법 게

부처와 조사도 일찍이 전한 것이 아니거늘
나 또한 어찌 받았다 하며 준다 할 것인가
이 법이 2천년대에 이르러서
널리 천하 사람을 제도하리라

佛祖未曾傳
我亦何受授
此法二千年
廣度天下人

　덧붙여 이 일은 월산 스님이 증인이며 2000년까지 세 사람 모두 절대 다른 사람이 알게 하거나 눈에 띄게 하지 않아야 한다고 당부하셨다.

　만약 그러지 않을 시에는 대원 선사님께서 법을 펴 나가는데 장애가 있을 것이라고 예언하셨다. 또한 각별히 신변을 조심하라 하시고 월산 스님에게 명령해 대원 선사님을 동화사의 포교당인 보현사에 내려가 교화에 힘쓰게 하셨다.

　대원 선사님께서 보현사로 떠나는 날, 전강 대선사님께서는 미리 적어두셨던 부송(付頌)을 주셨으니 다음과 같다.

 부 송

　어상을 내리지 않고 이러-히 대한다 함이여
　뒷날 돌아이가 구멍 없는 피리를 불리니
　이로부터 불법이 천하에 가득하리라

不下御床對如是
後日石兒吹無孔
自此佛法滿天下

위의 송의 '어상을 내리지 않고 이러-히 대한다 함이여'라는 첫째 줄 역시 내력이 있는 구절이다.

전에 대원 선사님께서 전강 대선사님을 군산 은적사에서 모시고 계실 당시 마당에서 홀연히 마주쳤을 때 다음과 같은 문답이 있었다.

전강 대선사님께서 물으셨다.

"공적(空寂)의 영지(靈知)를 이르게."

대원 선사님께서 대답하셨다.

"이러-히 스님과 대담(對談)합니다."

"영지의 공적을 이르게."

"스님과의 대담에 이러-합니다."

"어떤 것이 이러-히 대담하는 경지인가?"

"명왕(明王)은 어상(御床)을 내리지 않고 천하 일에 밝습니다."

위와 같은 문답 중에 대원 선사님께서 답하신 경지를 부송의 첫째 줄에 담으신 것이다.

전강 대선사님께서 대원 선사님을 인가(印可)하신 과정을 볼 때 한 번, 두 번, 세 번을 확인하여 철저히 점검하신 명안종사의 안목에 탄복하지 않을 수 없으며 이에 끝까지 1초의 머뭇거림도 없이 명철하셨던 대원 선사님께 찬탄하지 않을 수 없다.

그리하여 법열로 어우러진 두 분의 자리가 재현된 듯 함께 환희 용약하지 않을 수 없다.

이제 전강 대선사님과 약속한 2천년대를 맞이하였으므로 여기에 전법게를 밝힌다.

이로써 경허, 만공, 전강 대선사님으로 내려온 근대 대선지식의 정법의 횃불이 이 시대에 이어져 전강 대선사님의 예언대로 불법이 천하에 가득할 것이다.

21세기에
인류가 해야 할 일

21세기에 인류가 해야 할 일

　이 사람은 1962년 26세 때부터 21세기에 인류에게 닥칠 공해문제, 에너지문제를 예견하고 대체에너지(무한원동기, 태양력, 파력, 풍력 등) 개발과 '울 안의 농법'을 연구하고 그 필요성을 많은 이들에게 이야기해 왔습니다.

　당시에는 너무 시대를 앞서가는 이야기여서인지 일반인들이 수용하지 못하고 오히려 불신의 눈으로 바라보며 이 사람의 법마저 의심하였습니다. 하지만 현대에 있어서는 이것이 인류가 해결해야 할 가장 절박한 사안이 되어 있습니다.

　'사막화방지 국제연대'를 설립한 것도 현재 인류가 해결해야 할 가장 절박한 지구환경문제를 이슈화시키고 그 해결책을 제시하여 재앙에 직면한 지구촌을 살리기 위해서입니다.

　'사막화방지 국제연대'에서 추진하고 있는 사막화 방지, 지구 초원화, 대체에너지 개발은 온 인류가 발 벗고 나서서 해야 할 일입니다.

첫째 사막화 방지에 있어서 기존에 해왔던 '나무심기 사업'은 천문학적인 예산과 많은 인력을 동원하고도 극도로 황폐한 사막화된 환경을 되살리는 데 실패하였습니다.

그래서 이 사람은 사막화 방지에 있어서는 '사막 해수로 사업'을 새로운 방안으로 제시하였습니다.

사막 해수로 사업은 사막화된 지역에 수도관을 매설하여 바닷물을 끌어들여서 염분에 강한 식물을 중심으로 자연생태계를 복원하는 사업입니다.

이것은 나무심기 사업으로 심은 나무들이 절대적으로 물이 부족하여 생존할 수 없었던 문제를 해결할 수 있는, 현재로서는 유일한 해결책입니다.

그러나 '사막화방지 국제연대'의 목적은 사막이 확장되는 것을 방지하자는 것이지 사막 전체를 완전히 없애자는 것은 아닙니다. 인체에서 심장이 모든 피를 전신의 구석구석까지 골고루 보내어 살아서 활동하게 하듯이 사막은 오히려 지구의 심장 역할을 하는 중요한 곳이기 때문입니다.

그래서 21세기에 있어서는 다만 사막의 확장을 방지할 뿐 아니라 사막을 어떻게 운용하느냐를 연구해야 합니다.

사막에 바둑판처럼 사방이 막힌 플륨관 수로를 설치하여 동, 서, 남, 북 어느 방향의 수로를 얼마만큼 채우느냐 비우느냐에 따라, 사막으로부터 사방 어느 방향으로든 거리까지 조절하여, 원하는 지역에 비를 내리게 하고 그치게 할 수 있습니다. 철저히 과학적인

데이터에 의해 이렇게 사막을 운용함으로써 21세기의 지구를 풍요로운 낙원시대로 만들어가야 합니다.

둘째로 지구를 초원화할 수 있는 방안으로서 3년간의 실험을 통해, 광활한 황무지 지역을 큰 비용을 들이거나 많은 인력을 동원하지 않고도 짧은 시간 내에 초지로 바꿀 수 있는 식물을 찾아냈습니다.

그것은 바로 '돌나물'입니다. 돌나물은 따로 종자를 심을 필요가 없이 헬리콥터나 비행기로 살포해도 생존, 번식할 수 있으며, 추위와 더위, 황폐한 땅에서도 살아남을 수 있는 생명력과 번식력이 강한 식물입니다.

지구환경을 되살리는 초지조성 사업에 있어서 이것이 큰 도움이 되리라 생각합니다.

셋째의 대체에너지 개발에 있어서는 태양력, 파력, 풍력 등 1962년도부터 이 사람이 연구하고 얘기해왔던 방법들이 이미 많이 개발되어 실용화한 단계에 있습니다.

이 세 가지 일은 한 개인이나 한 국가가 할 수 있는 일이 아닙니다. 모든 국가가 앞장서서 전 세계적인 사업으로 이루어져야 합니다. 모든 국가가 함께 한 기금조성이 이루어져야 하고 기금조성에 참여한 국가는 이 시스템에 의한 전면적인 혜택을 입을 수 있도록 해야 합니다.

인류 모두가 지혜를 모아 이 일에 전력을 다한다면 인류는 유사 이래 가장 좋은 시절을 맞이하게 될 것이며, 만약 이 일을 남의 일인 양 외면한다면 극한의 재앙을 면할 수 없을 것입니다.

이 사람이 오래 전부터 얘기해왔던 '울 안의 농법'은 이미 미국 라스베이거스(Las Vegas)에서 30층짜리 '고층 빌딩 농장'으로 구현되었습니다. 그렇게 크게도 운영될 수 있지만 각자 자신의 집에서 이루어지는 '울 안의 농법'도 필요합니다.

21세기에 있어서 또 하나 인류가 만일의 사태를 대비해서 연구, 추진해야 될 일이 있다면 바닷속에서의 수중생활, 수중경작입니다.

지구가 심하게 온난화될 경우, 공기가 너무 많이 오염될 경우, 바닷물이 높아져 살 땅이 좁아질 경우 등에 대비할 때, 인류는 우주에서의 삶보다는 바닷속에서의 삶을 준비해야 합니다. 왜냐하면 그것이 훨씬 수월하고 비용도 절감할 수 있기 때문입니다.

이렇게 깨달은 이는 이변적으로는 깨달음을 얻게 하여 영생불멸의 삶을 영위할 수 있도록 만인을 이끌어야 하며 사변적으로는 일반인이 예측할 수 없는 백 년, 천 년 앞을 내다보아 이를 미리 앞서 대비하도록 만인의 삶을 이끌어줘야 한다고 생각합니다.

불법의 뜻은 다만 진리 전수에만 있는 것이 아니니, 만인이 서로 함께 영원한 극락을 누릴 때까지 물심양면으로, 이사일여로 베풀어 교화해야 하기 때문입니다.

가슴으로 부르는
불심의 노래

여기에 실린 것들은 모두 농선 대원 선사님
께서 직접 작사하신 곡들이다.
　수행의 길로 들어서게끔 신심, 발심을 북돋
아주는 곡으로부터 수행의 길로 접어든 이의
구도의 몸부림이 담겨있는 곡, 대승의 원력을
발해서 교화하는 보살의 자비심과 함께 낙원
세계를 누리는 풍류를 그려놓은 곡까지 가사
한마디, 한마디가 생생하여 그 뜻이 뼛속 깊이
새겨지고 그 멋에 흠뻑 취하게 된다.
　농선 대원 선사님께서는 거칠고 말초적인
요즘의 노래를 듣고 이러한 정서를 순화시키
고자, 또한 수행의 마음을 진작시키고자 하는
뜻에서 이 곡들을 작사하셨다.

🪷 가슴으로 부르는 불심의 노래 - 가사 목록

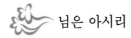 님은 아시리

1 부

1. 사계절의 풍광인들 위로되겠니
서사시의 음률인들 쉬어지겠니
뜻과 같이 되지 않아 기도에 젖은
이 마음 님은 아시리
한 세상 열정 쏟아 닦는 수행길
불보살님 출현하서 베푼 자비에
모든 망상 모든 번뇌 없었으면 좋으련만
마음대로 안 되는 게 수행이더라, 수행이더라

2. 사계절의 풍광인들 위로되겠니
서사시의 음률인들 쉬어지겠니
뜻과 같이 되지 않아 기도에 젖은
이 마음 님은 아시리
청춘의 모든 욕망 사뤄버리고
회광반조 촌각 아껴 열정 쏟아서
이룬 선정 그 효력이 있었으면 좋으련만
마음대로 안 되는 게 보림이더라, 보림이더라

3. 사계절의 풍광인들 위로되겠니
서사시의 음률인들 쉬어지겠니
뜻과 같이 되지 않아 기도에 젖은
이 마음 님은 아시리
억겁의 모든 습성 꺾어보려고
갖은 노력 갖은 인내 온통 쏟아서
세월 잊은 보림 성취 있었으면 좋으련만
마음대로 안 되는 게 성불이더라, 성불이더라

2 부

1. 사계절의 풍광인들 비유되겠니
가릉빈가 음률인들 비교되겠니
뜻과 같이 자유자재 베풀어놓고
한없이 즐기시련만
그러한 대자유의 삶을 접고서
중생들을 구제하려 삼도에 출현
갖은 역경 어려움을 감내하는 자비로써
깨워주는 그 진리에 눈을 뜨거라, 눈을 뜨거라

2. 사계절의 풍광인들 비유되겠니
가릉빈가 음률인들 비교되겠니
뜻과 같이 자유자재 베풀어놓고
한없이 즐기시련만
억겁을 다하여도 끝이 없을 걸
알면서도 해내겠다 나선 님의 길
가시밭길 험난해도 일관하신 그 자비에
구류중생 깨달아서 정토 이루리, 정토 이루리

3. 사계절의 풍광인들 비유되겠니
가릉빈가 음률인들 비교되겠니
뜻과 같이 자유자재 베풀어놓고
한없이 즐기시련만
낙원의 모든 즐김 떨쳐버리고
삼악도를 낙원으로 이뤄놓겠다
촌각 아껴 그 열정에 모두 모두 감화되어
이 땅 위에 님의 소원 이뤄지리라, 이뤄지리라

불보살의 마음

1. 자비, 그 자비는 눈물이었네
불나방이 불을 쫓듯 가는 이
그래도 못 잊어서 버리지 못해
저리는 저리는 가슴, 그 가슴 안고서
눈물, 피눈물로 저리 부르네

2. 자비, 그 자비는 눈물이었네
제 살 길을 저버리는 이들을
그래도 못 잊어서 버리지 못해
저리는 저리는 가슴, 그 가슴 안고서
눈물, 피눈물로 저리 부르네

 ## 나의 노래

1. 노세 노세 봄놀이하세
대천세계 이 봄 경치
한산 습득 친구삼아
호연지기 즐겨볼까
얼씨구나 절씨구
아니나 즐기고 무엇하리

2. 노세 노세 봄놀이하세
걸음 쫓아 이른 곳곳
문수보현 벗을 삼아
화엄광장 춤춰볼까
얼씨구나 절씨구
아니나 즐기고 무엇하리

잘 사는 게 불법일세

1. 잘 사는 게 불법일세
우리 모두 관음보살 지장보살 생활 속에
모시면서
마음 비운 나날들로 바른 삶을 하노라면
불보살님 가피 속에 뜻 이뤄서 꽃을 피운
그런 날이 있을 걸세

2. 잘 사는 게 불법일세
우리 모두 관음보살 지장보살 생활 속에
모시면서
마음 비워 살아가며 시시때때 잊지 않고
참나 찾아 참구하는 그 정성도 함께하면
좋은 소식 있을 걸세

3. 잘 사는 게 불법일세
우리 모두 관음보살 지장보살 생활 속에
모시면서
틈틈으로 회광반조 사색으로 참나 깨쳐
화장세계 장엄하고 얼쉬얼쉬 어울리며
영원토록 웃고 사세

 ## 선 승

토함산 소나무 위에 달빛도 조는데
단잠을 잊은 채 장승처럼 앉아있는
깊은 밤 선승의 그윽한 눈빛
고요마저 서지 못한 선정이라
대천도 흔적 없고 허공계도 머물 수 없는
수정 같은 광명이여, 화엄의 세계로세

 우리 모두

우리 모두 만난 인생 즐겁게 살자
부딪치는 세상만사 웃으며 하자
인연으로 어우러진 세상사이니
풀어가는 삶이어야 하지 않겠니

몸종 노릇 하는 사이 맘 챙겨 살자
맑고 맑은 가을 허공 그렇게 비워
명상으로 정신세계 사무쳐보자
언젠가는 깨쳐 웃는 그날이 오리

한산 습득 껄껄 웃는 그러한 웃음
웃어가며 모든 일을 대하는 날로
활짝 펼쳐 어우러진 그러한 삶을
우리 모두 발원하며 즐겁게 살자

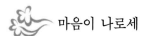 마음이 나로세

본래 마음이 나이건만
몸이 내가 된 삶이 되어
갖은 고통이 따랐다네

맘이 내가 된 삶으로서
갖은 고통이 없는 삶을
우리 누리고 살아보세

이리 쉽고도 쉬운 일을
어찌 등 돌린 삶으로서
고통 속에서 헤매는고

마음 수행을 모두 하여
나고 죽음이 없음으로
태평 세월을 누려보세

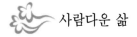 거룩한 만남

불법을 만난 건 행운 중 행운이고 내 생의 정점일세
거룩한 이 법을 만나는 사람이면 서로가 권하고 권을 하여
함께 하는 일상의 수행이 되어서 다 같이 누리는 낙원 이뤄
고통과 생사는 오간 데 없고 웃음과 평온만 넘치고 넘쳐
길이길이 끝이 없는 복락 누리세

여래의 큰 은혜 순간인들 잊으랴 수행해 크게 깨쳐
구제를 다함만 큰 은혜 갚음이니 노력과 실천 다해
우리 모두 씩씩한 낙원의 역군이 되어 봉화적인 이생의 삶
으로써
최선을 다하여 부끄럼 없는 대장부로, 은혜 갚는 장부로
길이길이 끝이 없는 복락 누리세

사람다운 삶

1. 사람이 사람다운 사람이 되려면
명상으로 비우고 비워서
고요의 극치에 이르러
자신을 발견한 슬기로써
마음을 다스리는 연마 후에
그 능력으로 모두가 살아가야
평화로운 세상이 활짝 열려
모두 함께 누릴 걸세

2. 서로가 다툼 없이 서로를 아껴서
마음으로 베풀고 베푸는
사회로 이루어 간다면
낙원이 멀리만 있는 것이 아니라
살고 있는 이대로가 낙원이란 걸
모두가 실감하는
우리들의 세상이 활짝 열려
모두 함께 누릴 걸세

즐거운 마음

1. 우리 모두 선택받은 제자 되어
즐거운 맘 하나 되어 축하합니다
그 무엇을 이룬들 이리 좋으며
황금보석 선물인들 이만하리까
부처님의 가르침만 따르오리다
실천하리라 실천하리라

2. 부처님의 뒤 이을 걸 맹세하며
다짐으로 즐기는 맘 가득합니다
당당하게 행보하는 구세의 역군
혼신 다해 낙원 이룬 이 세계에서
함께 사는 즐거움을 생각하며
노래합니다 노래합니다

사는 목적

우리 모두 행복을 찾아 영원을 찾아
내면 향해 비춰보는 명상으로
앉으나 서나 일을 하나 최선을 다하세
하루의 해가 서산을 붉게 물들이고
합장 기도하여 또 다짐과 맹서의 말
뜻 이루어 이 세상의 빛이 돼서
구류를 생사 고해에서 구제하는 사람으로
영원히 영원히 살 것입니다

바른 삶 1

우리 삶을 두고서 허무하다 누가 말했나
본래 마음이 나 아닌가
그 마음 나를 삼아 살면 되지
지금도 늦지 않네 우리 모두
오늘부터 모두들 마음으로 나를 삼아
길이길이 웃고들 사세

바른 삶 2

1. 어디어디 어디라 해도
마음 찾아 바로만 살면
그곳 바로 극락이라네
세상분들 귀담아듣고
사람 몸을 가졌을 때에
모든 고비 극복해내서
참선으로 참나를 깨쳐
걸림 없는 해탈의 세상
누려보세 누려들 보세

2. 어두운 곳 태양이 뜨듯
중생계에 불타 출현해
바른 삶으로 인도하서
복된 날을 기약케 하니
아니아니 좋고 좋은가
이 몸 주인 통쾌히 깨쳐
억겁 업을 말끔히 씻고
걸림 없는 해탈의 세상
누려보세 누려들 보세

닮으렵니다

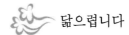

관세음보살 관세음보살
지극한 마음으로 닮으려고
오늘도 노력하며 주어진 일을 하면
하루가 훌쩍 가는 줄도 모른다오
관세음 관세음보살
님께서 베푸는 그 넓은 사랑을
이 맘 속에 기르고 길러서
실천하는 그런 장부 되어서
큰 은혜 갚을 겁니다

수행과 깨침

1. 그릴 수도 없는 마음, 만질 수도 없는 마음
찾으려는 수행이라 모든 것을 다 버리고
모든 생각 비우기를 몇천 번이었던가
머리 터져 피 흘려도 멈출 수가 없는 공부
이 공부가 아니던가

2. 놓지 못해 우두커니 장승처럼 뭐꼬 하고 앉았는데
앞뒤 없어 몸마저도 공해버린 여기에서 이러-한 채
시간 간 줄 모른 채로 눈을 감고 얼마간을 지나던 중
한 때 홀연 큰 웃음에 화장계일세

걱정 말라

1. 걱정 말라 걱정을 말라 불보살님 말씀대로만 행한다면
안 풀리는 일 없다 하지 않았던가
육근으로 보시를 하며 웃고 살자 웃고들 살자
백년 미만 우리네 인생, 세상 만사 마음먹기 달렸다고
일러주시지 않았던가 걱정을 말라

2. 이리 봐도 저리를 봐도 모두모두 내 살림일세
간섭할 수 없는 내 살림 아니아니 그러한가
이리 펼치고 저리 펼쳐 육문으로 지은 복덕
베푸는 맛이 아니 좋은가 우리 사는 지구인 별 함께 가꿔
낙원으로 만들어서 살아들 보세

정한 일일세

우리네 삶이란 것
풀끝 이슬 아니던가
서로서로 위로하고 아끼면서
우리 모두 착한 삶이
이어져 가노라면
언젠가는 행복한
그날이 우리에게
찾아오는 것 정한 일일세
찾아오는 것 정한 일일세

여기가 낙원

참나 찾아 영원을 향해
한눈 안 팔고 노력하고
가정 위해 사회를 위해
뛰고 뛰고 혼신을 다한
나의 노력 결실이 되어
일상에서 누리는 나날
선 자리가 낙원이 되니
초목들도 어깨 춤추고
산새들도 축하를 하네

따르럽니다

1. 우리 모두 합장 공경 하옵니다
크고 작은 근심 걱정 씻어주려
우릴 찾아 오셨으니 감사합니다 고맙습니다

2. 우리 모두 손에 손을 맞잡고서
즐거웁게 노래하고 춤을 추며
우리에게 오신 님을 경하합니다 축하합니다

3. 우리들의 깊은 잠을 깨워주셔
영생불멸 낙원의 삶 누리게끔
해주시려 오신 님을 공경합니다 따르럽니다

지장보살

지장보살 두 눈의 흐르는 눈물
마르실 날 언제일까 생각하고 또 생각해도
이 세상의 사람들이 멀어지게만 하고 있네요
보살님 어찌해야 하오리까
반야의 실천으로 최선 다해 돕는다면
안 되는 일 있으리까
대원본존 지장보살 나무 지장보살
얼씨구나 절씨구나 한 판 놀음 덩실덩실 살
아들 보세

나는 바보

나는 바보다 나는 바보야
역지사지 알다보니 바보가 되었네
그렇지만 내 주위는 언제나 웃음이 있고
나눔이 있어 행복하다네
나는 나는 그런 바보야
나는 나는 그런 바보야

옛 고향

고향 옛 고향이 그리워 거니는 산책에
고요한 달빛 휘영청 밝고 밤새는
그 무슨 생각에 저리 부르는 노래인데
숲 타고 온 석종소리에 열리는 옛 내 고향
그리도 캄캄하던 생각들은 흔적도 없고
고요한 마음 옛 고향 털끝만큼도
가리운 것이란 없었는데
어찌해 그 무엇에 어두웠던고 고향길 옛 내 고향
나는 따르리라 끝없는 일이라 하여도
님 하신 구제 고난과 역경
그 어떤 어려움 닥쳐도
님 하시는 일이라면 멈추는 일 없을 것일세
이것만이 보은이라네 보은이라네

곰탱이

곰탱이 곰탱이 미련 곰탱이
세상 사람 요구 따라 다 들어준
사람더러 곰탱이라네
요구 따라 따지지 않고
들어주기 바쁜 이를 놀려대며 하는 말
곰탱이 곰탱이 미련 곰탱아
그리 살다간 끝내는 빌어먹을 쪽박마저
없겠구나 미련 곰탱아
그래도 덩실덩실 추는 춤을
보며 깔깔 웃는 사람들아
웃는 자신 모르니 서글퍼 내 하는 말
한 판의 꿈속이라 천금만금 쓸데없네
깔깔 웃는 그 실체를 자신 삼아 사는 삶이 되길
바라고 바라는 곰탱이 춤으로세

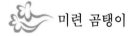 미련 곰탱이

나는 나를 모르는 곰탱이 곰탱이 미련 곰탱이
나라는 나를 보고 듣는 그거라고 보여주듯 일러줌에
동문서답 일관하는 곰탱이 곰탱이 미련 곰탱이
그러므로 성현들의 천하태평 무릉도원 못 누리고
고생고생 살아가는 곰탱이 곰탱이 미련 곰탱이
그런 삶을 면하려면 나라는 나를 깨달아라
자상하게 이끈 말씀 이행 못한 곰탱이 곰탱이 미련 곰탱이
귀천 없이 이끌어서 선 자리가 안양낙원 되게 하신
말씀을 이행 못한 곰탱이 곰탱이 미련 곰탱이
궁전 낙을 저버리시고 고행 수도 다하셔서
나란 나를 깨침으로 영생의 낙원으로 이끄셨네
이 기회를 놓친다면 다시 만나기 어렵고 어려우니
칠야삼경 봉화 같은 그 지혜의 광명 받아
각자 것이 되게 하란 그 말씀을
실행 못한 곰탱이 곰탱이 미련 곰탱이
그 지혜의 이끔 받아 각자 경지 이러-히 되는 날엔
백사 만사 무엇이든 뜻대로 이뤄진다 권한 말씀
실행 못한 곰탱이 곰탱이 미련 곰탱이
눈앞의 그 작은 것 쫓다가 영원한 삶의 낙 놓치지 않으려면
나란 나를 꼭 깨달으란 귀한 말씀
실행 못한 곰탱이 곰탱이 미련 곰탱이
금구 성언 귀담아듣지 않고 흘려듣다간
백 년도 못 채운 후회막심 삶 되리니
새겨듣고 새겨들어 실천하란 그 말씀
실행 못한 곰탱이 곰탱이 미련 곰탱이
실천하여 깨닫고 박장대소 하는 날엔
삼세 성현 모두모두와 곰탱이 곰탱이가
누리 안은 광명 놓네 누리 안은 광명 놓아 삼창을 할 거라네

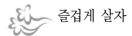 부처님의 말씀

부처님 말씀은 하나하나 자비더라
그러기에 불자들은 온화하고 선하더라
부처님 가르치는 이치는 흐르는 물이고
서늘한 산바람이며 봄꽃 향기요
심금을 울리는 연주요 노래요
포근한 어머니의 사랑이더라
바다처럼 넓고 넓은 자비의 품이더라
포근하고 온화한 그 가르침 하나하나
이치에 어긋남이 없으신 진실이더라
모두모두 다 함께 우리 모두 닮자구요
모두모두 다 함께 우리 모두 닮자구요
모두모두 다 함께 우리 모두 닮자구요
어쩌다 어쩌다 이런 가르침을 만났는지
이 다행 이 요행 헛되이 하지 않아
이 생에 깨달아서 이 크고 큰 은혜
갚는 일에 소홀하지 않으리라
감사합니다 감사합니다 우리 부처님
당신의 후예들마저도 유일하게
전쟁 같은 일들은 일으키지 않습니다
사랑하라 하면서 용서하라 하면서
사람이 사람을 죽이는 일
파리 목숨 취급하듯 하는 일이
있어서야 되겠습니까
혹시라도 이런 일이 종교에 있어서는
절대로 안 되는 일이라 믿습니다
관세음보살 나무아미타불
우리 모두 서로가 서로를 아끼고
사랑합시다 사랑합시다 사랑합시다

 즐겁게 살자

나를 찾아 행복을 찾아
내면 향한 명상으로 비춰보며
오늘도 최선을 다한 하루해가 저가네
노을빛 곱게 물이 들고 내 꿈도 이뤄져간다
생각만 하여도 보람찬 미소를 짓는다
세상만사 별것이더냐
서로서로 도와가며 살면서
틈틈이 내면 향한 명상으로
몸 건강 마음 건강 챙기며 사노라면
참나 깨친 박장대소도 짓고
세상 고별 마음대로 하는 날도 있을 걸세
그런 날을 기대하며 일하고 명상하며
하루하루 즐겁게 살자

행복이란

즐거웁게 즐겁게
살아가면 좋잖아
한 번뿐인 인생인데
모두 활짝 웃어요
신이 나게 웃어요
행복이란 돈과 직위에
있는 것 아니라네
행복이란 그 어떤 마음으로
사느냐에 있다네
다 같이 다 같이 웃어들 봐요
그 웃음 타고 행복이 오네
짧은 인생살이 이렇게
만들어가며 살아들 보세

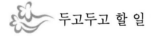 두고두고 할 일

아미타불 사유를 깊이깊이 하여서
하늘땅 생긴 이래 오늘에 이르도록
크나큰 은산철벽 너머 일처럼
까마득히 모르던 나를 깨달았으나
모양 빛깔 없어서 쥐어줄 수도
보여줄 수도 없는 일이라서
입은 옷 뒤집어 보이듯 못하니 한이구나
그러나 보고 듣고 하는 바로 그것이니
마음눈을 활짝 열어 듣는 그곳 향해 살펴봐요, 살펴봐
하늘땅이 간 곳 없고 자신까지 사라진 데서
듣고 아는 그것 내가 아니던가
깊이깊이 참구해서 참나 찾아 결정신을 내리게나
다생겁의 윤회 중에 몸종 노릇 허사란 걸 경험하지 않았던가
그 깨달음에 비추어 세상 일에 응해가며
보림수행하는 일에 방심하지 않아서
구경각을 성취 후에 모든 류를 구제해서
큰 불은 갚음만이 두고두고 할 일일세, 두고두고 할 일일세

화엄의 세계

1. 각자 마음 깨닫고 봐요
누리 그 모두가 장엄이네 장엄, 빛의 장엄
어느 하나 마음의 장엄 아닌 게 없네, 없어
다함 없고 끝이 없는 보고 듣는 마음 하나 바로 쓰면
이대로가 무릉도원 화엄의 세계로세

2. 보고 듣고 느끼고 생각하는
그 모든 것 장엄이네 장엄, 빛의 장엄
어느 하나 빛의 장엄 아닌 게 없네, 없어
다함 없고 끝이 없는 보고 듣는 마음 하나 바로 쓰면
이대로가 화장세계 장엄의 세계로세

일체유심조

듣는 나를 내가 보니
바탕 없는 그 몸에

갖은 묘용 지녀 있어
오고 감은 물론이요

일체 모두 지어내고
그걸 또한 응용하여

자유자재 그 능력
못하는 것 하나 없네

온 누리에 펼쳐놓고
어울려 누려사세

이리 좋은 자기능력
전혀 몰라 헤매이는

세상 사람 갖은 고통
몸종 노릇 결과이니

마음 나된 삶으로써
억겁 굴레 벗어나서

맘이 지닌 능력회복
한시 빨리 이루어서

영원한 본래 삶을
같이 누려 살아 가세

(아리랑후렴)

함께 이뤄 누립시다
함께 이뤄 누립시다

어화둥둥 좋고 좋아
얼씨구나 좋고 좋다

이 마음이 내가 된 삶
이렇게도 상상밖에

달라질 수 있을까-
너무나도 달라져서

내자신이 놀라웁고
놀라워서 뭐라못해

조용하고 차분함 속
이 즐거움 말로 못해

온 누리를 선 자리서
볼 수 있는 능력이여

과거일을 알 수 있고
미래일을 예감하는

지혜능력 갖춰있어
실수란 것 없는 삶-

꿈 세계도 창조하는
모두 지닌 능력이니

뜻 있으면 가능하니
이 아니 전능한가

(아리랑 후렴)

전능으로 베풀어서
모두 함께 즐겨가며

후세들을 깨우는 낙
함께 하는 삶이니

이 아니들 좀도 좋고
얼씨구나 좋고 좋다

이 능력과 이 힘이면
온 세상을 바꿔 놓는

그 어떠한 일이라도
어려울게 뭐 있으리

뜻있으면 길이 있고
길있으면 하면 되는

이리 좋은 그 방법이
맘이 나된 그거로세

이리 좋은 길을 두고
안할 사람 뉘 있으리

이 일만이 길이길이
행복누릴 길이로세

넓고 넓은 누리 정원
펼쳐 놓고 모두 함께

손에 손을 서로잡고
함께 누린 삶으로써

일상이 된 이런 삶이
맘이 나 된 결과로세

이런 일을 아니하고
그 무엇을 할것인가

모두 모두 맘이 나된
그 일 실천 꼭 하여서

태평세월 함께 누린
그런 삶을 누려보세

얼씨구나 좀도 좋고
절씨구나 좋고 좋다

(아리랑 후렴)

내 마음 내가 된 삶

내 마음 내가 된 삶
모두들 살아봐요

신기하고 신기하다
신기하고 신기해
(세번 반복)

내 마음 내가 되니
영원한 삶이로세

신기하고 신기하다
신기하고 신기해
(세번 반복)

내 마음 내가 되니
안되는 일 없구나

신기하고 신기하다
신기하고 신기해
(세번 반복)

(아리랑 후렴)

꿈 세계도 창조한데
무엇인들 안될건가

신기하고 신기하다
신기하고 신기해
(세번 반복)

원근거리 상관없이
동시에 이르르니

신기하고 신기하다
신기하고 신기해
(세번 반복)

산하석벽 걸림 없이
자유로이 오고가니

신기하고 신기하다
신기하고 신기해
(세번 반복)

(아리랑 후렴)

상대방의 마음도
읽어낼 수 있으니
그 아니 신기한가

신기하고 신기하다
신기하고 신기해
(세번 반복)

과거 현재 미래 일을
앞 일처럼 아는 능력

신기하고 신기하다
신기하고 신기해
(세번 반복)

내 마음 내가 되면
이런 자유 누려사니
그 아니 신기한가

신기하고 신기하다
신기하고 신기해
(세번 반복)

온 누리의 모든 사람
이 행복을 같이 누려
살아들 봅시다

신기하고 신기하다
신기하고 신기해
(세번 반복)

아리랑 아리랑 아라리요
아리랑 고개로 넘어간다

좀도 좋다

듣는 나를 알지 못해
생활하는 그 가운데
알고파서 명상한데

어허 참말 이럴수가
창피하고 창피하다
창피하고 창피해-

듣는 그 곳 살펴보면
허공처럼 텅텅비어
어찌해야 옳을지를

어허 참말 이럴수가
창피하고 창피하다
창피하고 창피해-

허공처럼 비었으나
그게 듣고 대답하니
그게 바로 내 아닐까

어허 참말 이럴수가
창피하고 창피하다
창피하고 창피해-

그러다가 깨달으니
나고 죽음 본래없는
온통 온통 나로구나

얼씨구야 절씨구야
좀도 좋고 좀도 좋다
좀도 좋고 좀도 좋아

맘이 나 된 삶을 사니
낙원 따로 없는 것을
멍청하게 살았구려

얼씨구야 저절시구
좀도 좋고 좀도 좋다
좀도 좋고 좀도 좋아

꿈의 세계 창조했던
그 능력은 오직 하나
맘이 나된 때문일세

얼씨구야 저절시구
좀도 좋고 좀도 좋다
좀도 좋고 좀도 좋아

이 마음이 내가 되니
천리 만리 시차없고
아니된 일 전혀 없네

얼씨구야 저절시구
좀도 좋고 좀도 좋다
좀도 좋고 좀도 좋아

낙원의 삶 이 아닌가
영원의 삶 이 아닌가
맘이 나 된 삶을 사세

얼씨구야 저절시구
좀도 좋고 좀도 좋다
좀도 좋고 좀도 좋아

🌸 그 말씀

1. 님들의 고구정녕 그 말씀 맘에 새기세
그러면 오는 날엔 행복을 누리며
이웃들을 도우며 살리
개미처럼 개미처럼 개미처럼
개미처럼 개미처럼 개미처럼
개미처럼 개미처럼 개미처럼
이것저것 논하려 하지 말고 서로가
서로를 도와 세상을 이끄는 데 노력하면
이 세상의 그 어떠한 일일지라도
못 이룰 일 없을 것일세
꿀벌처럼 꿀벌처럼 꿀벌처럼
꿀벌처럼 꿀벌처럼 꿀벌처럼
꿀벌처럼 꿀벌처럼 꿀벌처럼

2. 님들의 가르침을 실행한 덕으로써
마음에 갖추어진 갖가지 능력을
부려 써서 누리는 삶을
개미처럼 개미처럼 개미처럼
꿀벌처럼 꿀벌처럼 꿀벌처럼
더불어 함께하면 별유천지 눈앞에 일이로세
이 모든 것이 참고 참아 극복해 이겨냈던
그 공덕의 결실이로세 그 공덕의 결실이로세
구름위의 백학처럼 구름위의 백학처럼 구름위의 백학처럼
함께누려 살아가세 함께누려 살아가세 함께누려 살아가세

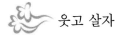 웃고 살자

1. 아하하하 우습다 아하하하 우스워
제 그림자 모르고 저라 하는 사람 보고 아니 웃고 울랴
아하하하 우습다 아하하하 우스워(3번 반복)
여섯 도적 종노릇에 헌신하는 사람 보고 아니 웃고 울랴
아하하하 우습다 아하하하 우스워
저승세계 코앞인데 대비 없는 사람 보고 아니 웃고 울랴
아하하하 우습다 아하하하 우스워(3번 반복)
참나 찾지 아니하고 허송하는 사람 보고 아니 웃고 울랴
아하하하 우습다 아하하하 우스워(3번 반복)
아리랑 아리랑 아라리요
아리랑 고개를 넘어간다
나를 버리고 가시는 님은
십 리도 못 가서 되돌아온다

2. 즐겁고도 즐겁다 즐겁고도 즐거워(3번 반복)
좋은 인연 있었던가 거룩한 이 만나서 참나 찾은 이 행운이
즐겁고도 즐겁다 즐겁고도 즐거워(3번 반복)
이 행운을 나 혼자서 누리기에 아쉬워 인도하려 나섰는데
아리랑 아리랑 아라리요 아리랑 아리랑 아라리가 났네
즐겁고도 즐겁다 즐겁고도 즐거워(3번 반복)
영원한 나 찾음으로 한순간에 성취한 낙원의 삶 권하나니
즐겁고도 즐겁다 즐겁고도 즐거워(3번 반복)
우리 모두 다 함께 얼싸안고 누리는 그런 세상 노력하세
즐겁고도 즐겁다 즐겁고도 즐거워(3번 반복)
아리랑 아리랑 아라리요
아리랑 고개를 넘어간다
청천 하늘엔 잔별도 많고
이내 가슴엔 희망도 많다

🌸 서로서로 나누면서

버들 푸르고 꽃 만발하고 나비 춤이더니
녹음이 우거지고 매미들의 노래 가득한 천지
울긋불긋 고운 단풍 어제인 듯한데 눈이 오네
우리 모두의 삶 저러하고 저렇지 않던가
보기도 아까웁고 소중한 형제 자매들이니
서로서로 나누면서 짧은 우리네 삶을 즐김으로 살아가세

🌸 사람 사는 이치

이 세상 사람들 사는 것
농부들 농사를 짓는 것과
조금도 다를 바 없는 이치이니
여러분 귀 기울여 들어보시오
얼씨구나 좋네 지화자 좋네 아니아니 그러한가

봄이 되면 깊이깊이 간직해 둔 씨곡식을
꺼내다 땅을 파고 다듬어서 골을 파고 뿌린 후에
오뉴월 찜더위에 구슬땀을 흘리면서
김을 매어 가꾸는 것은 엄동설한 추운 날에
사랑하는 부모님과 아내 자식들 모두
잘 지내게 하려는 깊은 뜻에서라네
얼씨구나 좋네 지화자 좋네 아니아니 그러한가

어떤 이가 말을 하기를 늘 현재만을 즐겁게 살자
강변함을 보았는데 좋은 말이기는 하지만
그 말은 자칫하면 희망이 없는 잘못된 말이라네
그러므로 내일을 위하여 오늘의 어려움을 즐기면서
밝게밝게 살아갑시다
얼씨구나 좋네 지화자 좋네 아니아니 그러한가

불법 공부

1. 이 세상 사는 분들게
권하오니 나를 찾는
이뭐꼬 화두 공부를
곰곰이 챙기고 챙겨
쉬지 않고 하다보면
하늘땅도 흔적 없이
사라지고 몸 없는 내가
환한 웃음 짓는 날이
있을테니 결정신을
내리어서 우리 함께
길이길이 누립시다

2. 불법 만난 이 다행을
그 무엇과 비교하랴
이 다행을 만났을 때
최선 다한 실행으로
금생에서 크게 깨쳐
불보살님 칭찬 받는
오후보림 필히 마쳐
중생 다한 그때까지
님의 은혜 갚을 것을
굳은 의지 맹서로써
다짐하고 다짐하세

3. 때가 없고 장소 없이
뜻을 따라 이뤄지는
이리 좋은 세상살이
본래부터 갖춰짐을
누리는 삶 우리 모두
일심동체 그리 되어
이 생 저 생 할 것 없이
얼씨구나 절씨구나
노래하고 춤도 추며
천생만생 누립시다
길이길이 누립시다

좋구나

좋구나
이곳이 어때서
낙원에 장소가 있나요

마음이 착하면
선 곳이 무릉도원
이런 삶이 참 삶이라네

미소를 지으며
손에 손을 잡고서
태평가를 모두들 불러요

우리들 이렇게 서로 만나 사는 것
백겁천생 인연이라네

세월아 맞춰라
내 즐기고 즐기며
함께하는 이들에게 위로를 하려네

영원한 행복 찾기

불법

1. 사람 사람마다
지닌 그 마음이
내가 된 삶으로
살아 가노라면
자연 알게 되네

둥글고 둥글게
모남없이 살자
(세번 반복)

마음 먹은대로
하고 싶은대로
척척 이뤄지고
꿈을 창조하던
능력 부린 날도
멀지 않으리니

둥글고 둥글게
모남없이 살자
(세번 반복)

노력 실천 다해
영원한 삶으로
영원한 행복을
함께 누려보세
함께 누려보세

둥글고 둥글게
모남없이 살자
(세번 반복)

2. 사람 사람마다
맘을 깨달아서
맘이 내가 되면
평등 그 자체라
자연인이 되어

둥글고 둥글게
모남없이 살자
(세번 반복)

서로 어울려서
나눈 인간미들
행복 그 자체며
오간 말들마다
온화한 그 체취

둥글고 둥글게
모남없이 살자
(세번 반복)

차별없는 베풂
풍족한 맘이고
가족같은 일상
낙원의 이 삶을
함께 누려보세
함께 누려보세

둥글고 둥글게
모남없이 살자
(세번 반복)

불법은 내게 있어
첫째도 둘째에도
내 삶의 이유이고
내 삶의 온통이며
마음의 광채이고
마음의 자비이며
자비의 실천이고
자비의 일상이며
희망의 꽃밭이고
희망의 피안이며
서원의 동력이고
서원의 자산이며
모두의 태평이고
모두의 영원일세

금강의 노래 1

일 없는 경지인 부처님, 중생 위해
한순간도 쉼 없이 일심전력 쏟으시네.

사위국 기수급고독원서 1250명의 비구
들과 계실 때 세존께서 공양 때가 되자
가사 입고 발우 들고 사위성에 들어 차
례차례 비신 후에 본 곳에 오셔 드시고
가사 발우 거둔 다음 발 씻고 자리 펴 앉
으셨네.
이때 장로 수보리 대중 가운데 있다가
자리에서 일어나 오체투지로 앉아 공경
히 합장하고 부처님께 여쭙기를
"희유합니다. 세존이시여. 모든 수행하
는 보살들에게 잘 생각하여 지키게 하시
고 잘 부촉하셨습니다. 그러나 세존이시
여 아뇩다라삼먁삼보리 마음을 내어 어
떻게 머무르며 어떻게 그 마음을 항복시
켜야 합니까?"
"착하고도 착하구나. 수보리야. 네가
말한 대로 여래는 모든 보살들이 잘 생
각하여 지키게 하였고 모든 보살들에게
잘 부촉하였다. 그러나 제삼 청하니 너
희들은 자세히 들거라. 그대들을 위해
일러주리라.
선남자 선여인들이여, 아뇩다라삼먁삼
보리 마음을 내어 마땅히 이러-히 머물
고 이러-히 그 마음을 항복시켜야 하니
라."

금구성언 말씀대로 실천 다해
내 기어이 성취하여 구류 구제
최선 다해 큰 은혜를 보답하리

"그러하오나 세존이시여, 정말 그렇습
니다만 바라옵건대 보다 더 자세히 듣고
자 하나이다."
부처님께서 수보리에게 말씀하시기를
"모든 보살마하살은 마땅히 이러-히 그
마음을 항복시켜야 하니라. 내가 모든
중생들인 아홉 가지 무리들을 모두 남김
없이 열반에 들게 하여 이러-히 한량없
고 수없고 끝없는 중생을 멸도해서는 진
실로 멸도 얻은 중생이 없어야 하니라.
왜냐하면 수보리야 만일 보살이 아상,
인상, 중생상, 수자상이 있다면 곧 보살
이라 할 수 없기 때문이다.
수보리야, 보살은 마땅히 법에도 머무
름 없이 보시를 해야 하는 것이니 색에
머무름 없이 보시를 해야 하며, 소리나
향기나 맛이나 촉감이나 법에도 머무름
없이 보시를 해야 하니라.
수보리야, 마땅히 보살은 이러-히 보시
를 하여 모든 상에 머무름이 없어야 하
는 것이니, 만약 보살이 상에 머무름 없
이 보시를 하면 그로 인한 복덕은 생각
으로 헤아릴 수 없느니라. 왜냐하면 끝
없는 미래에 누리기 때문이니라.
그대는 어떻게 생각하느냐? 몸과 모
양으로 여래를 볼 수 있겠느냐, 없겠느
냐?"
"볼 수 없습니다. 세존이시여. 몸과 모
양으로는 여래를 볼 수 없습니다. 왜냐
하면 여래께서 말씀하신 몸과 모양은 곧
몸과 모양이 아니기 때문입니다."

"수보리야, 무릇 있는 바 상이 모두 허
망하다고들 하나 만약 모든 상이 상 아
님을 보면 바로 여래를 본 것이니라."

　금구성언 말씀대로 실천 다해
　내 기어이 성취하여 구류 구제
　최선 다해 큰 은혜를 보답하리

　수보리가 부처님께 여쭈었다.
　"이상과 같은 말씀을 듣고 참답게 믿음
을 낼 중생이 있겠습니까?"
　"수보리야, 그런 말을 말라. 내가 열반
한 뒤 오백 세가 지난 후라도 계행을 갖
추고 복을 닦는 사람이 있어서 이 글귀
에 능히 믿는 마음을 내어 이로써 참다
움을 삼을 것이니라.
　마땅히 알라. 이 사람은 한 부처님, 두
부처님, 세 부처님, 네 부처님, 다섯 부
처님에게만 선근을 심은 것이 아니라 이
미 한량없는 천만 부처님 처소에서 선근
을 심었기에 이 글귀를 듣고 지극한 한
생각에 깨끗한 믿음을 내니라."

　금강반야바라밀
　금강반야바라밀
　금강반야바라밀

　금구성언 말씀대로 실천 다해
　내 기어이 성취하여 구류 구제
　최선 다해 큰 은혜를 보답하리

금강의 노래 2

일 없는 경지인 부처님, 중생 위해
한순간도 쉼 없이 일심전력 쏟으시네.

수보리가 부처님께 여쭈었다.
"세존이시여, 부처님께서 아뇩다라삼먁
삼보리를 얻으셨다 하나 얻은 바 없습니
다."
"그렇고 그렇다 수보리야. 나에게는 아
뇩다라삼먁삼보리나 그 어떤 조그마한
법도 얻음이 없으니 이를 이름하여 아뇩
다라삼먁삼보리라 하니라.
수보리야 이 법은 평등하여 높고 낮음이
없기에 이를 이름하여 아뇩다라삼먁삼보
리라 하니라. 아도 없고, 인도 없고, 중
생도 없고, 수자도 없이 모든 선법을 닦
아야 곧 아뇩다라삼먁삼보리를 얻느니
라.

금구성언 말씀대로 실천 다해
내 기어이 성취하여 구류 구제
최선 다해 큰 은혜를 보답하리

수보리야 선법이라고 말한 것도 여래가
곧 선법도 아닌 이것을 이름하여 선법이
라 할 뿐이니라.
수보리야 만일 어떤 사람이 삼천대천세
계 가운데 있는 모든 수미산왕만 한 일
곱 가지 보배 무더기로 보시한다 해도
이 반야바라밀경의 네 글귀 게송만이라
도 받아 지녀 읽고 외워서 다른 사람을
위하여 설하여 주는 이가 있다면 앞에서
일곱 가지 보배로 보시한 복덕으로는 백

천만억의 일에도 미칠 수 없느니라.
왜냐하면 그 복덕은 끝없는 미래에 누리
기 때문이니라.

다른 사람을 위하여 어떻게 말하여 주겠
느냐?
취할 상이란 것도 없으니 이러-하고 이
러-해서 움직임이 없도록 하라.
왜냐하면 모든 함이 있는 법은 꿈 같고,
허깨비 같고, 물거품 같고, 그림자 같으
며, 이슬 같고, 번개 같아서 마땅히 이
러-히 보아야 하기 때문이니라.

금구성언 말씀대로 실천 다해
내 기어이 성취하여 구류 구제
최선 다해 큰 은혜를 보답하리

🌸 반야의 노래

일 없는 경지인 부처님, 중생 위해
한순간도 쉼 없이 일심전력 쏟으시네

내면 향해 비춰보는 지혜로써 이 몸 공함 바로 보아
나고 죽는 모든 괴로움 벗어나신 관자재의 말씀
들어보오

색이라 하나 공과 다르지 아니하고
공이라 하나 색과 다르지 아니하여
색 그대로 공이고, 공 그대로 색이며
받는 것, 생각하는 것, 행하는 것, 분별도 그렇다네

모든 법의 상도 또한 공했나니
나고 죽음 본래 없고 더럽지도 깨끗지도 아니하며
늘지도 줄지도 않는다네

금구 성언 옳은 말씀
수행이란 힘이 들어도
고비 넘겨 이뤄만 봐요
더 없는 행복을 이루네

공 가운데 색 없어서, 받는 것, 생각하는 것, 행하
는 것, 분별도 없고
눈과 귀와 코와 혀, 몸과 뜻도 없고
빛과 소리, 향기와 맛, 닿는 것과 법도 없어
눈으로 볼 경계 없어 뜻으로 분별할 경계도 없고
무명 없고 무명 다함 또한 없다시네
그러므로 늙고 죽음 없고, 늙고 죽음 다한 것도 본
래 없어
고와 집과 멸과 도도 없다 하고
지혜도 없고 또한 얻음마저 없으니, 얻을 바 없는
까닭이라네

금구 성언 옳은 말씀
이 경지가 힘이 들어도
굽이 넘겨 이뤄만 봐요
영원한 행복을 이루네

보살님들 반야바라밀다를 의지하는 까닭으로
마음에 걸림 전혀 없고
걸림 없는 까닭으로 두려움이 전혀 없어
엎어지고 거꾸러진 꿈결 같은 생각들이
전혀 없어 마침내 열반이라네

삼세 모든 부처님도 지혜로써 저 언덕에 이르
름을 의지한 고로
무상정변정각 이뤘나니 그러므로 알지어다
반야바라밀다는 이러-히 크게 신령한 주며 이
러-히 크게 밝은 주며
이러-히 위없는 주며 이러-히 차별 없는 차별
하는 주라
능히 모든 괴로움을 없앤다 함 진실이지 거짓
없네

아제 아제 바라아제 바라승아제 모지 사바하
아제 아제 바라아제 바라승아제 모지 사바하
아제 아제 바라아제 바라승아제 모지 사바하

금구 성언 옳은 말씀
이 경지를 최선을 다해
이룬다면 끝없는 삶에
영원한 행복을 이루네

치유의 노래

요즈음의 우울증과 가지가지 신경성 질환에 시달리는 사람들
세상에서 들리는 저 모든 소리들을
나의 내면에서 듣는 곳을 향해 비춰보오
쉬운 일은 아니지만 포기하지 않고
듣는 곳을 향해 보고 또 보는 것을
하루 이틀 한 달 두 달 지속하다 보면
어느 날 밖이 없는 고요를 체험하게 될 것일세
얼씨구나 좋네 지화자 좋네 아니아니 그러한가

그 고요를 지속하도록 노력하노라면
어느 날 대상 없는 미소와 동시에 편안함을 체험하게 될 것일세
밖이 없는 이 고요의 편안함을 즐기다 보면
어느 날 밖의 어느 인연을 맞아 그 실체인 자신을 발견할 것일세
이 실체를 발견한 뒤 세상을 살아가는 과정에서
어려운 일이 있으면 바로 그 실체에 비춰 보게
그 어려운 것들이 사라지고 밖이 없는 고요로운 실체의 자신이
대상 없는 미소를 짓게 될 것일세
얼씨구나 좋네 지화자 좋네 아니아니 그러한가

효

1. 아들 딸이 귀엽고 사랑스런 그 속에 우리들의 부모님
어려움에도 끝내 가르치고 기른 정 이제 읽으며
늦은 눈물로써 불초를 뉘우치며 맹세하고 다짐하는
아들 딸이 여기 있으니, 건강히 오래만 사시기를
손 모아 손을 모아 간절하게 바라고 또 바라는
기도를 하옵니다 부모님 입이 귀에 걸리시게 할 겁니다

2. 어렵고도 어려운 보릿고개 그 속에 우리들을 먹이고
가르치느라 정말 그 얼마나 고생이 되셨습니까
허리 두 끈으로 졸라맨 아픔으로 사셨죠
정말정말 오래도록 건강하게만 계셔주신다면
아들 딸을 낳으시고 길러주신 그 노고에 크게 보답할 겁니다
아버님 어머님의 입이 귀에 걸리시게 할 겁니다

🌸 내 말 좀 들어봐요

모두모두 내 말 좀 들어봐요
이 몸이 내가 아니라 이 마음이 나 아닌가
살아가는 생활 속에 명상을 하여
이 맘 찾아 나를 삼아 살아를 봐요
모든 속박 모든 괴롬 벗어나는 아주 좋은 일이니
이제라도 안 늦으니 명상으로 뜻 이루어
영원한 생명, 영원한 행복 우리 모두 누려들 보세
사막화를 막고 사막 경영 시대를 열자

사막화로 급속히 변해가는 이 지구를
방치해선 아니 되네 방치하면
지구가 생긴 이래 최악의 상태 됨은
불을 보듯 뻔한 일일세, 하지만

육십 억의 온 인류가 한 마음 한 뜻 되어
황무지는 돌나물로 푸른 초원 만들고
확장되는 사막화를 배수관의 바닷물로 막는다면
지구가 생긴 이래 가장 살기 좋은 시대를
인류는 맞을 걸세

아리랑 아리랑 아라리요
아리랑 고개를 넘어간다
청천 하늘엔 잔별도 많고
이내 가슴엔 희망도 많다

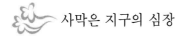 ## 사막은 지구의 심장

21세기는 사막 경영 시대를 열어
연구에 노력을 다한다면
지상 낙원이 인류에게 달려와서 맞을 걸세

육십 억의 온 인류가 손에 손잡고 한 뜻 되어
사랑하는 마음으로 역경을 헤쳐 나가
사막화를 막고 황무지를 초원으로
살기 좋은 지구촌을 이뤄보세
살기 좋은 지구촌을 이뤄보세

아리랑 아리랑 아라리요
아리랑 고개를 넘어간다
청천 하늘엔 잔별도 많고
이내 가슴엔 희망도 많다

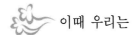 ## 이때 우리는

1. 화산의 폭발로 해서 사람들과 모든 것이 용암펄로 화해버린
이 막막한 우리들을 올바르게 영원으로 끌어주실
성인 중의 성인이신 불보살님 나라에 가 나는 게 꿈이네

2. 태풍이 인가를 덮쳐 다정했던 이웃들은 간 곳 없고
어지러운 벌판 되어 처참하고 참담하기 그지없는 무상한
이 현실에 의지할 분, 생명 밝혀 영원케 한 부처님 뿐이네

3. 지진이 우리의 삶을 삼켜버려 초토화가 되어버린
허망하기 그지없는 우리들의 현실에선 사방천지 둘러봐도
의지해야 할 분은 자신 깨쳐 누리라 한 부처님 뿐이네

🍀 잘 사는 비결

참지 못한 결과는 어려움이 닥치고
참고 참는 결과는 좋은 일이 온다네
친구들아 모든 일 힘을 합쳐 맞으면
못 이룰 일 없지만
니 떡 너 먹고 내 떡 나 먹는 그럼 마음 쓴다면
될 일도 아니 된다네
우리 서로 뜻을 합쳐 모두모두 잘 살아보세
이미 이룬 과학문명 선용을 해서 용맹심을 내어
모든 일에 임한다면 행복이 줄을 서서 올 걸세
아리랑 아리랑 아라리요
아리랑 고개를 넘어간다
청천 하늘엔 잔별도 많고
이내 가슴엔 희망도 많다

용서한 결과로는 웃는 날을 맞이하고
베푼 뒤엔 참 좋은 이웃들이 생기네
친구들아 서로들 힘을 합쳐 임하면
못할 일이 없지만
니 떡 너 먹고 내 떡 나 먹는 그런 마음 쓴다면
될 일도 아니 된다네
오늘부터 뜻을 합쳐 우리 한번 잘 살아보세
이미 이룬 과학문명 선용을 해서 용맹심을 내어
모든 일에 임한다면 행복이 줄을 서서 올 걸세
아리랑 아리랑 아라리요
아리랑 고개를 넘어간다
청천 하늘엔 잔별도 많고
이내 가슴엔 희망도 많다

🍀 만들자

1. 빌딩숲의 실외기 열
   오고가는 차 배기가스
   사람소리 기계소리를
   원림 속의 새소리와
   개울소리 미풍소리
   그것으로 만들자 만들자 만들자

2. 이익 따져 주고받는
   설왕설래 어지러움
   높고 낮은 금속음들을
   매미소리 물소리와
   노래하는 환경으로
   우리 함께 만들자 만들자 만들자

3. 하늘 맑고 별이 빛난
   조용하고 시상 뜨는
   그런 환경 거닐면서
   손에 손을 마주 잡고
   노래하는 세상으로
   우리 함께 만들자 만들자 만들자

정직하고 착한 마음

1. 정직하고 착한마음
우리모두 실천하면

먼저 가정 화평하고
웃음 꽃에 향내나며

이웃간에 믿음 깊어
서로 소통 이뤄져서

나라위한 일이라면
솔선수범 모두하고

서로 믿는 사회여서
안되는 일 없을걸세

서로 믿고 웃는 사회
우리 모두 힘 모아서
낙원 나라 이뤄내어
세계 이끈 나라 되세

2. 정직하고 착한 행동
우리 모두 실천하면

믿는 마음 두려워져
서로서로 돕게 되고

그리되면 힘 모아서
일일마다 쉬 이뤄져

앞서가는 나라되고
대접받는 국민되어

곳곳에서 우러르는
그런 국민 될 것일세

서로 믿고 웃는 사회
우리 모두 힘 모아서
낙원 나라 이뤄내어
세계 이끈 나라되세

3. 이런 마음 이런 행이
우리 조상 바탕이니

우리 국민 이뤄내어
봉화적인 나라로써

지구촌을 낙원으로
이뤄내는 나라되어

가는 곳곳 두르르는
그런 국민 그런 나라

그런 조상 그런 사상
꽃 피우는 국민 되세

서로 믿고 웃는 사회
우리 모두 힘 모아서
낙원 나라 이뤄내어
세계 이끈 나라 되세

도서출판 문젠(Moonzen Press)의 책들

1. 바로보인 전등록 (전30권을 5권으로)

7불과 역대 조사의 말씀이 1,700공안으로 집대성되어 있는 선종 최고의 고전으로, 깨달음의 정수가 살아 숨쉬도록 새롭게 번역되었다.

464, 464, 472, 448, 432쪽.

각권 18,000원

2. 바로보인 무문관

황룡 무문 혜개 선사가 저술한 공안집으로 전등록, 선문염송, 벽암록 등과 함께 손꼽히는 선문의 명저이다.

본칙 48개와 무문 선사의 평창과 송, 여기에 역저자인 대원 선사의 도움말과 시송으로 생명과 같은 선문의 진수를 맛보여 주고 있다.

272쪽. 12,000원

3. 바로보인 벽암록

설두 선사의 설두송고를 원오 극근 선사가 수행자에게 제창한 것이 벽암록이다.

이 책은 본칙과 설두 선사의 송, 대원 선사의 도움말과 시송으로 이루어져, 벽암록을 오늘에 맞게 바로 보이고 있다.

456쪽. 15,000원

4. 바로보인 천부경

우리 민족 최고(最古)의 경전 천부경을 깨달음의 책으로 새롭게 바로 보였다. 이 책에는 81권의 화엄경을 81자에 함축한 듯한 천부경과, 교화경, 치화경의 내용이 함께 담겨 있으며, 역저자인 대원 선사가 도움말, 토끼뿔, 거북털 등으로 손쉽게 닦아 증득하는 문을 열어놓고 있다.
432쪽. 15,000원

5. 바로보인 금강경

대원 선사의 『바로보인 금강경』은 국내 최초로 독창적인 과목을 내어 부처님과 수보리 존자의 대화 이면의 숨은 뜻을 드러내고, 자문과 시송으로 본문의 핵심을 꿰뚫어 밝혀, 금강경 전체를 손바닥 안의 겨자씨를 보듯 설파하고 있다.
488쪽. 15,000원

6. 세월을 북채로 세상을 북삼아

대원 선사의 선시가 담긴 선시화집 『세월을 북채로 세상을 북삼아』는 선과 시와 그림이 정상에서 만나 어우러진 한바탕이다. 선의 세계를 누리는 불가사의한 일상의 노래, 법열의 환희로 취한 어깨춤과 같은 선시가 생생하고 눈부시게 내면의 소리로 흐른다.
180쪽. 15,000원

7. 영원한 현실

애매모호한 구석이 없이 밝고 명쾌하여, 너무도 분명함에 오히려 그 깊이를 헤아리기 어려운, 대원 선사의 주옥같은 법문을 모아 놓은 법문집이다.
400쪽. 15,000원

8. 바로보인 신심명

신심명은 양끝을 들어 양끝을 쓸어버리는, 40대치법으로 이루어진, 3조 승찬 대사의 게송이다. 이를 대원 선사가 바로 번역하는 것은 물론, 주해, 게송, 법문을 더해 통쾌하게 회통하고 자유자재 농한 것이 이 『바로보인 신심명』이다.
296쪽. 10,000원

9. 바로보인 환단고기 (전5권)

『바로보인 환단고기』 1권은 민족정신의 정수인 환단고기의 진리를 총정리하여 출간하였다. 2권에는 역사총론과 태초에서 배달국까지 역사가 실려 있으며, 3권은 단군조선, 4권은 북부여에서부터 고려까지의 역사가 실려 있다. 5권에는 역사를 증명하는 부록과 함께 환단고기 원문을 실었다.
344 · 368 · 264 · 352 · 344쪽.
각권 12,000원

10. 바로보인 선문염송 (전30권)

선문염송은 세계최대의 공안집이다. 전 공안을 망라하다시피 했기에 불조의 법 쓰는 바를 손바닥 들여다보듯 하지 않고는 제대로 번역할 수 없다. 대원 선사는 전 공안을 바로 참구할 수 있게끔 번역하고 각 칙마다 일러보였다.

352 368 344 352 360 360 400 440 376 392 384 428 410 380 368 434 400 404 406 440 424 460 472 456 504 528 488 488 480 512쪽 각권 15,000원

11. 앞뜰에 국화꽃 곱고 북산에 첫눈 희다

대원 선사의 선문답집으로 전강 · 경봉 · 숭산 · 묵산 선사와의 명쾌한 문답을 실었으며, 중앙일보의 〈한국불교의 큰스님 선문답〉 열 분의 기사와 기자의 질문에 대한 대원 선사의 별답을 함께 실었다.
200쪽. 5,000원

12. 바로보인 증도가

선종사에 사라지지 않을 발자취로 남은 영가 선사의 증도가를 대원 선사가 번역하고 법문과 송을 더하였다.
자비의 방편인 증도가의 말씀을 하나하나 쳐가는 선사의 일갈이야말로 영가 선사의 본 의중과 일치하여 부합하는 것이라 아니할 수 없다.
376쪽. 10,000원

13. 바로보인 반야심경

이 시대의 야부(冶父)선사, 대원 선사가
최초로 반야심경에 과목을 붙여 반야심경
내면에 흐르는 뜻을 밀밀하게 밝혀놓고
거침없는 송으로 들어보였다.
264쪽. 10,000원

14. 선(禪)을 묻는 그대에게 (전10권 중 2권)

대원 선사의 선수행에 대한 문답집.
깨달아 사무친 경지에 대한 밀밀한 점검
과, 오후보림에 대한 구체적인 수행법 제
시와, 최초의 무명과 우주생성의 원리까
지 낱낱이 설한 법문이 담겨 있다.
280쪽, 272쪽. 각권 15,000원

15. 바로보인 선가귀감

선가귀감은 깨닫고 닦아가는 비법이 고스
란히 전수되어 있는 선가의 거울이라 할
만하다. 더욱이 바로보인 선가귀감은 매
소절마다 대원 선사의 시송이 화살을 과
녁에 적중시키듯 역대 조사와 서산대사의
의중을 꿰뚫어 보석처럼 빛나고 있다.
352쪽. 15,000원

16. 바로보인 법융선사 심명

심명 99절의 한 소절, 한 소절이 이름 그
대로 마음에 새겨두어야 할 자비광명들이
다.
이 심명은 언어와 문자이면서 언어와 문
자를 초월한 일상을 영위하게 하는 주옥
같은 법문이다.
278쪽. 12,000원

17. 주머니 속의 심경

반야심경은 부처님이 설하신 경 중에서도
절제된 경으로 으뜸가는 경이다. 대원 선
사의 선송(禪頌)도 그 뜻을 따라 간략하
나 선의 풍미를 한껏 담고 있다. 하루에
한 소절씩을 읽고 참구한다면 선 수행의
지름길이 될 것이다.
84쪽. 5,000원

18. 바로보인 법성게

법성게는 한마디로 화엄경의 핵심부를 온
통 훤출히 드러내놓은 게송이다. 짧은 글
속에 일체의 법을 이렇게 통렬하게 담아
놓은 법문도 드물 것이다.
이렇게 함축된 법성게 법문을 대원 선사
가 속속들이 밀밀하게 설해놓았다.
176쪽. 10,000원

19. 달다 - 전강 대선사 법어집

이제는 전설이 된 한국 근대선의 거목인
전강 선사님의 최상승법과 예리한 지혜,
선기로 넘쳤던 삶이 생생하게 담겨 있는
전강 대선사 법어집 〈 달다 〉!
전강 대선사님의 인가 제자인 대원 선사
가 전강 대선사님의 법거량과 법문, 일화
를 재조명하여 보였다.
368쪽. 15,000원

20. 기우목동가

그 뜻이 심오하여 번역하기 어려웠던 말
계 지은 선사의 기우목동가!
대원 선사가 바른 뜻이 드러나도록 번역
하고, 간결한 결문과 주옥같은 선송으로
다시 보였다.
146쪽. 10,000원

21. 초발심자경문

이 초발심자경문은 한문을 새기는 힘인
문리를 터득하게 하기 위하여 일부러 의
역하지 않고 직역하였다.
대원 선사의 살아있는 수행지침도 실려
있다.
266쪽. 10,000원

22. 방거사어록

방거사어록은 선의 일상, 선의 누림을 보여주는 대표적인 선문이다. 역저자인 대원 선사는 방거사어록의 문답을 '본연의 바탕에서 꽃피우는 일상의 함'이라 말하고 있다. 법의 흔적마저 없는 문답의 경지를 온전하게 드러내 놓은 번역과, 방거사와 호흡을 함께 하는 듯한 '토끼뿔'이 실려 있다.

306쪽. 15,000원

23. 실증설

이 책의 모태는 대원 선사가 2010년 2월 14일 구정을 맞이하여 불자들에게 불법의 참뜻을 보이기 위해 홀연히 펜을 들어 일시에 써내려간 이 책의 3부이다. 실증한 이가 아니고는 설파할 수 없는 일구 도리로 보인 이 3부와 태초로부터 영겁에 이르는 성품의 이치를 문답과 인터뷰 법문으로 낱낱이 설한 1, 2를 보아 실증하기를…

224쪽. 10,000원

24. 하택신회대사 현종기

육조대사의 법이 중국천하에 우뚝하도록 한 장본인, 하택신회대사의 현종기. 세간에 지해종도로 알려져 있는 편견을 불식시키는 뛰어난 깨달음의 경지가 여기에 담겨있다. 대원 선사가 하택신회대사의 실경지를 드러내고 바로보임으로써 빛냈다.

232쪽. 10,000원

25. 불조정맥 - 韓·英·中 3개국어판

석가모니불로부터 현 78대에 이르기까지 불조정맥진영(佛祖正脈眞影)과 정맥전법게(正脈傳法偈)를 온전하게 갖춘 최초의 불조정맥서. 대원 선사가 다년간 수집, 정리하여 기도와 관조 끝에 완성한 『불조정맥』을 3개국어로 완역하였다.
216쪽. 20,000원

26. 바른 불자가 됩시다

참된 발심을 하여 바른 신앙, 바른 수행을 하고자 해도, 그 기준을 알지 못해 방황하는 불자님들을 위해 불법의 바른 길잡이 역할을 하도록 대원 선사가 집필하여 출간하였다.
162쪽. 10,000원

27. 누구나 궁금한 33가지

21세기의 인류를 위해 모든 이들이 가장 어렵고 궁금해 하는 문제, 삶과 죽음, 종교와 진리에 대한 바른 지표를 제시하고자 대원 선사가 집필하여 출간하였다.
180쪽. 10,000원

28. 108진참회문 – 韓·英·中 3개국어판

전생의 모든 악연들이 사라져 장애가 없어지고, 소망하는 삶을 살게 하기 위해 대원 선사가 10계를 위주로 구성한 108 항목의 참회문이다. 한 대목마다 1배를 하여 108배를 실천할 것을 권한다.
170쪽. 15,000원

29. 달마의 일할도 허락지 않는다

대원 선사의 짧고 명쾌한 법문집.
책을 잡는 순간 달마의 일할도 허락지 않는 선기와 맞닥뜨리게 될 것이다. 때로는 하늘을 찌를 듯한 기세와, 때로는 흔적 없는 공기와도 같은 향기를 일별하기를…
190쪽. 10,000원

30. 마음대로 앉아 죽고 서서 죽고

생사를 자재한 분들의 앉아서 열반하고 서서 열반한 내력은 물론 그분들의 생애와 법까지 일목요연하게 수록해놓았다.
446쪽. 15,000원

31. 화두 3개국어판 – 韓 · 英 · 中

『화두』는 대원 선사의 평생 선문답의 결정판이다. 생생하게 살아있는 선(禪)을 한 · 영 · 중 3개국어로 만날 수 있다. 특히 대원 선사의 짧은 일대기가 실려 있어 그 선풍을 음미하는 데에 큰 도움을 주고 있다.

440쪽. 15,000원

32. 바로보인 간당론

법문하는 이가 법리를 모르고 주장자를 치는 것을 눈먼 주장자라 한다. 법좌에 올라 주장자 쓰는 이들을 위해서 대원 선사가 간당론에서 선리(禪理)만을 취하여 『바로보인 간당론』을 출간하였다.

218쪽. 20,000원

33. 완전한 우리말 불공예식법

부처님께 공양을 올리고 불보살님의 가피를 구하는 예법 등을 총칭하여 불공예식법이라 한다. 대원 선사가 이러한 불공예식의 본뜻을 살려서 완전한 우리말본 불공예식법을 출간하였다.

456쪽. 38,000원

34. 바로보인 유마경

유마경은 불법의 최정점을 찍는 경전이라 할 것이니, 불보살님이 교화하는 경지에서의 깨달음의 실경과 신통자재한 방편행을 보여주는 최상승 경전이다. 대원 선사가 〈 대원선사 토끼뿔 〉로 이 유마경에 걸맞는 최상승법을 이 시대에 다시금 드날렸다.

568쪽. 20,000원

35. 실증설
5개국어판 - 韓 · 英 · 佛 · 西 · 中

대원 선사가 불법의 참뜻을 보이기 위해 홀연히 펜을 들어 일시에 써내려간 실증설! 실증한 이가 아니고는 설파할 수 없는 도리로 가득한 이 책이 드디어 영어, 불어, 스페인어, 중국어를 더하여 5개국어로 편찬되었다.

860쪽. 25,000원

36. 누구나 궁금한 33가지
3개국어판 - 韓 · 英 · 中

누구라도 풀어야 할 숙제인 33가지의 의문에 대한 답을 21세기의 현대인에게 맞는 비유와 언어로 되살린 『누구나 궁금한 33가지』가 한글, 영어, 중국어 3개국어로 출간되었다.

408쪽. 15,000원

37. 달마의 일할도 허락지 않는다
3개국어판 - 韓 · 英 · 中

대원 선사의 짧고 명쾌한 법문집인 『달마의 일할도 허락지 않는다』가 한글, 영어, 중국어 3개국어로 출간되었다. 전세계에서 유일하게 활선의 가풍이 이어지고 있는 한국, 그 가운데에서도 불조의 정맥을 이은 대원 선사가 살활자재한 법문을 세계로 전하고 있는 책이다.

308쪽. 15,000원

38. 화엄경 (전81권 중 40권)

대원 선사는 선문염송 30권, 전등록 30권을 모두 역해하여 세계 최초로 1,463칙 전 공안에 착어하였다. 이러한 안목으로 대천세계를 손바닥의 겨자씨 들여다보듯 하신 불보살님들의 지혜와 신통으로 누리는 불가사의한 화엄세계를 열어 보였다.

각권 15,000원

39. 법성게 3개국어판 - 韓 · 英 · 中

법성게는 한마디로 화엄경의 핵심부를 훤출히 드러내놓은 게송으로 짧은 글 속에 일체 법을 고스란히 담아 놓았다. 대원 선사의 통쾌한 법성게 법문이 한영중 3개국어로 출간되었다.

376쪽. 15,000원

40. 정법의 원류
『정법의 원류』는 불조정맥을 이은 정맥선원의 소개서이다. 정맥선원은 불조정맥 제77조 조계종 전강 대선사의 인가 제자인 대원 전법선사가 주재하는 도량이다. 『정법의 원류』를 통해 정맥선원 대원 선사의 정맥을 이은 법과 지도방편을 만날 수 있다.
444쪽. 20,000원

41. 바로보인 도가귀감
도가귀감은, 온통인 마음[一物]을 밝혀 회복함으로써, 생사를 비롯한 모든 아픔과 고를 여의어, 뜻과 같이 누려서 살게 하고자 한 도교의 뜻을, 서산대사가 밝혀 놓은 책이다. 대원 선사가 부록으로 도덕경의 중대한 대목을 더하고, 그 대목대목마다 결문(決文)하였다.
218쪽. 12,000원

42. 바로보인 유가귀감
유가귀감은 서산대사가 간추려놓은 구절로서, 간결하지만 심오하기 그지없으니, 간략한 구절 속에서 유교 사상을 미루어 볼 수 있게 하였다. 대원 선사가 그 뜻이 잘 드러나게 번역하고 그 대목대목마다 결문(決文)하였다.
236쪽. 15,000원

출간도서

바로보인 전등록 전 5권
바로보인 무문관
바로보인 벽암록
바로보인 천부경·교화경·치화경
바로보인 금강경
세월을 북채로 세상을 북삼아
영원한 현실
바로보인 신심명
바로보인 환단고기 전 5권
바로보인 선문염송 전 30권
앞뜰에 국화꽃 곱고 북산에 첫눈 희다
바로보인 증도가
바로보인 반야심경
선을 묻는 그대에게 1·2
바로보인 선가귀감
바로보인 법융선사 심명
주머니 속의 심경
바로보인 법성게
달다 -전강 대선사 법어집
기우목동가
초발심자경문
방거사어록

실증설
하택신회대사 현종기
불조정맥 - 한·영·중 3개국어판
바른 불자가 됩시다
누구나 궁금한 33가지
108진참회문 - 한·영·중 3개국어판
달마의 일할도 허락지 않는다
마음대로 앉아 죽고 서서 죽고
화두 - 한·영·중 3개국어판
바로보인 간당론
완전한 우리말 불공예식법
바로보인 유마경
실증설 5개국어판 - 한·영·불·서·중
누구나 궁금한 33가지 3개국어판
 - 한·영·중
달마의 일할도 허락지 않는다
3개국어판 - 한·영·중
화엄경 전 81권 중 40권
법성게 3개국어판 - 한·영·중
정법의 원류
바로보인 도가귀감
바로보인 유가귀감

출간예정 도서

화엄경 42권 ~ 81권
바로보인 능엄경 제6권
바로보인 원각경
바로보인 육조단경
바로보인 대전화상주 심경
바로보인 전등록 전 30권
바로보인 위앙록
해동전등록
말 밖의 말
언어의 향기

농선 대원 선사 선송집
진리와 과학의 만남
바로보인 5대 종교
금강경 야부송과 대원선사 토끼뿔
선재동자 참알 오십삼선지식
경봉선사 혜암선사 법을 들어 설하다
십현담 주해
불교대전
태고보우선사어록

법문 MP3를 주문판매합니다

부처님의 78대손이신 농선 대원 전법선사님의 법문 MP3가 나
왔습니다. 책으로만 보아서는 고준하여 알기 어려웠던 선문의 이
치들이 자세히 설하여져 있어서, 모든 궁금증을 시원하게 풀어줄
것입니다.

- 천부경 : 15,000원
- 신심명 : 30,000원
- 현종기 : 65,000원
- 기우목동가 : 75,000원
- 반야심경 : 1회당 5,000원 (총 32회)
- 선가귀감 : 1회당 5,000원 (총 80회)

- 금강경 : 40,000원
- 법성게 : 10,000원
- 법융선사 심명 : 100,000원

대원 선사님 작사 노래 CD 주문판매합니다

가슴으로 부르는
불심의 노래

1. 서 원 가 (3:36)
2. 반조 열불가 (4:00)
3. 소중한 삶 (2:30)
4. 석가모니불 (4:52)
5. 맹서의 노래 (4:25)
6. 염원의 노래 (3:25)
7. 음성 공양 (3:51)
8. 발 심 가 (3:05)
9. 자비의 품 (4:10)
10. 부처님 은혜(첫 번째) (4:34)

11. 보살의 마음 (3:50)
12. 이 생에 해야 할 일 (3:08)
13. 구도의 목표 (3:18)
14. 님은 아시리 (3:42)
15. 부처님 은혜(두 번째) (4:34)
16. 성중성인 오셨네 (3:10)
17. 내 문제는 내가 풀자 (2:38)
18. 즐거운 밤 (2:27)
19. 환 송 가 (2:48)

• 가격 : 2만 원

가슴으로 부르는
불심의 노래 2

1. 부 처 님 (4:01)
2. 열반재일 (3:09)
3. 성도재일 (4:00)
4. 석굴암의 노래 (3:19)
5. 님의 모습 (3:15)
6. 믿고 따르세 (2:55)
7. 신명을 다하리 (4:17)
8. 부처님께 바치는 마음 (3:49)
9. 감사합니다 (3:10)
10. 교 화 가 (4:30)

11. 섬진강 초혼 (3:08)
12. 권 수 가[1] (3:02)
13. 권 수 가[2] (3:02)
14. 우란분재일 (3:38)
15. 고맙습니다 (2:31)
16. 믿음으로 여는 세상 (3:05)
17. 출가재일 (2:44)
18. 염 원 (2:52)
19. 우리네 삶, 고운 수로 (2:35)
20. 숨속의 마음 (2:33)

• 가격 : 1만5천 원

문의 전화 ☎ 031-534-3373

유튜브에서 채널 구독하시고
무료로 찬불가 앨범을 감상하세요

유튜브에서 MOONZEN을 검색하시거나
아래의 주소로 접속해주세요

http://www.youtube.com/user/officialMOONZEN

화엄경 41권은 대통사 해남정맥선원
김지환, 김유진님의 보시에 의해 출
간되었습니다. 이 무량공덕으로 구경
성불하시기를 기원합니다.